DIOS NUNCA SE DA POR VENCIDO CONTIGO

TAMBIÉN DE MAX LUCADO:

INSPIRADORES

3:16
Acércate sediento
Aligere su equipaje
Al entrar al cielo
Ansiosos por nada
Ansiosos por nada para lectores jóvenes
Aplauso del cielo
Comienza con la oración
Como Jesús
Cuando Cristo venga
Cuando Dios susurra tu nombre
Cura para la vida común
Diez mujeres de la Biblia
Dios se acercó
Él escogió los clavos
Él nos entiende
El secreto de la felicidad
En el ojo de la tormenta
Enfrente a sus gigantes
En manos de la gracia
Esperanza inconmovible
Fuiste creado para un momento como éste
Gente común: perdidos y hallados
Gracia
Gran día cada día

La gran casa de Dios
Más allá de tu vida
Max habla sobre la vida
Mi Salvador y vecino
No se trata de mí
Nuestra ayuda fiel
Seis horas de un viernes
Sin temor
Todavía remueve piedras
Un amor que puedes compartir

LIBROS DE REGALO

Experimenta el corazón de Jesús
Gracia para todo momento. Devocional
para la familia
Jesús, el Dios que sabe tu nombre
La historia de un ángel
Nunca estás solo
Para estos tiempos difíciles
Segundas oportunidades

LIBROS INFANTILES

Dónde se fue mi risa
Puedes contar con Dios, 100 devocionales
para niños

MAX LUCADO

AUTOR *BEST SELLER* DEL *NEW YORK TIMES*

DIOS NUNCA SE DA POR VENCIDO CONTIGO

O QUE LA HISTORIA DE JACOB NOS ENSEÑA
SOBRE LA GRACIA, LA MISERICORDIA Y EL
AMOR INCESANTE DE DIOS

GRUPO NELSON
Desde 1798

Con alegría, Denalyn y yo dedicamos este libro a Travis y Alisha Eades así como a sus hijos: Jackson, Landon, Weston y Annie. Caminan con Dios, lideran con fe y adoran con corazones gozosos. Nos sentimos honrados de servir con ellos.

CONTENIDO

AGRADECIMIENTOS

UNA AVALANCHA DE AGRADECIMIENTOS NO sería suficiente para expresar mi gratitud por el equipo que respalda este libro. Son personas que se han dedicado a la creación de mensajes y libros de calidad. Les ofrezco una ovación de pie.

Liz Heaney y Karen Hill: editoras que miman a esta tenaz mula de autor para que pula las frases y afine los párrafos.

Carol Bartley: la mejor correctora de estilo del planeta.

David Drury: el salvaguarda teológico contra los pensamientos descarriados.

Steve, Cheryl y Caroline Green: los más queridos amigos y los más fieles trabajadores.

El equipo editorial de HarperCollins Christian Publishing: Mark Schoenwald, Don Jacobson, Mark Glesne,

Erica Smith, Bria Woods, Janene MacIvor, Andrew Stoddard y Laura Minchew.

Greg, Susan y Andrew Ligon: capitanes que mantienen este barco a flote y en el rumbo preciso.

El Grupo Dunham: muy agradecido por sus oportunas y creativas ideas.

Dave Treat: líder de oración y amante de Cristo.

Jana Muntsinger y Pamela McClure: publicistas que pueden saltar edificios de un solo impulso.

Janie Padilla y Margaret Mechinus: constantes y confiables. ¡Gracias!

Andrea Lucado Ramsay: más que una hija, una compañera de trabajo. ¡Buen trabajo, Dre!

Brett, Jenna, Rosie, Max, Rob, Andrea, Jeff y Sara: ustedes ocupan un lugar en el corazón de este abuelo que es todo suyo. Los amo por siempre.

Denalyn, mi esposa: aunque han pasado más de cuatro décadas desde nuestra boda, nunca olvidaré tu imagen caminando hacia el altar. Vi tu sonrisa y eso es lo último que he visto de mi corazón.

Tú, lector, si eliges confiarme tu tiempo, haré todo lo posible por honrar tu confianza. Dios te bendiga.

Y a ti, mi Padre santo, te ofrezco mi más profundo agradecimiento. Yo, como Jacob, soy inconstante y olvidadizo. Sin embargo, como Jacob, estoy asegurado por la mano fuerte de la gracia del cielo. Y eternamente agradecido.

EL CLUB
DE LOS
SANTURRONES

SI ERES UN SUPERSANTO, ESTE LIBRO NO ES
para ti. Si tu santurronería nunca se altera, tu fe nunca flaquea, tu Biblia nunca se cierra y tus pies nunca se desvían del camino recto y angosto, permíteme ahorrarte algo de tiempo. No te identificarás con esta historia.

¿Estás absolutamente limpio? ¿Es esa tu única pregunta sobre la fe? ¿Por qué la cuestionaría la gente? ¿Está tu corazón tan puesto en el cielo que usas Puertasalparaíso.com como tu dirección de correo electrónico? ¿Inicias tu día con un «Padre Nuestro» y lo terminas con un «Amén» sin que la oración jamás se interrumpa?

Si es así, ¡felicitaciones! Me quito el sombrero y te ofrezco una ovación de pie. Es una excepción de responsabilidad sincera: estos capítulos no se escribieron pensando en personas como tú.

Se escribieron para miembros del Club de los santurrones. Para los luchadores entre nosotros y el torpe que llevamos dentro. Para los que somos en parte santos, en parte sinvergüenzas. Tenemos buenas intenciones, pero ¿las concretamos bien? Bueno, no siempre lo logramos. Tenemos avances, pero también fallas, a menudo todo a la misma hora. No necesitamos ningún recordatorio de nuestros fracasos. No los olvidamos. Pero nos vendría bien un curso de actualización sobre la tenaz negativa de Dios a darse por vencido con nosotros.

Y nadie es más apropiado para esta tarea que Jacob, el patriarca imperfecto.

Él, por definición, es un patriarca. Sin embargo, en la foto de equipo de los héroes de la Biblia, parece fuera de lugar. Allí están Abraham e Isaac con su abundante cabellera, hombros fuertes y rasgos esculpidos. Son como las efigies del monte Rushmore. Luego está Jacob, el pequeño que lleva las gafas de sol y la visera de póquer. Él no parece encajar en esa foto.

El apodo de Jacob contiene las mismas consonantes que la palabra hebrea para *talón*. Apropiado, ya que salió del vientre materno con una mano en el talón de su hermano gemelo, como si dijera: «No hermano peludo. Quiero el primer puesto». Un triunfo de la ironía: Jacob empezando la vida como la viviría, aferrándose a una posición mejor.

El apodo de Jacob era *Engañador* y, en efecto, engañaba.[1] Se aprovechó de su hermano hambriento, engañó a su padre moribundo y enfrentó la astucia de su suegro con audacia.

¿Prodigio? —No. ¿Pródigo? —Quizás. Jacob nunca alimentó a los cerdos, pero luchó en el lodo con alguien que, si no era Dios, era como Dios. Durante toda la noche, los dos gruñeron, se agarraron y trastearon hasta que, cuando amaneció, Jacob lo inmovilizó y le rogó que lo bendijera. La bendición vino, pero tuvo un costo. A Jacob se le dio un nuevo nombre: Israel. Pero la cadera de Israel fue dislocada.

Caminaba cojeando.

¿Te suena familiar? ¿Has luchado con Dios en cuanto a tu pasado, tu futuro, tu dolor y tus problemas? ¿Así como Jacob, has caminado renqueando en tu andar espiritual? Algunos remontan con alas como las águilas, unos pocos corren y nunca se cansan, otros caminan y nunca se desmayan.[2]

¿Tú? ¿Jacob? Y ¿yo? Cojeamos.

La historia de Jacob es para cojos.

Anoche hablé con un cojo. Nos sentamos juntos en una cena. Una docena de personas compartieron una comida, una botella de vino y una hermosa puesta de sol en el sur de Texas. Los esposos se sentaron afuera, en la terraza del patio trasero. Yo era el recién llegado. «¿En qué trabajas, Max?». Hice una mueca ante la pregunta. Nada eclipsa una conversación animada más rápidamente que descubrir a un clérigo en el círculo. (Confesión: cuando estoy en un vuelo y me preguntan sobre mi profesión, la respuesta depende de mi

nivel de energía. Si tengo ganas de charlar, digo «escritor».
Si no, digo «predicador»).

«Bueno, soy pastor». Silencio. Los supersantos en la
mesa (casi siempre hay uno o dos) hablaron sobre su estudio
bíblico, en el que tanto han aprendido. Los cojos (siempre
hay varios) se disculparon por su lenguaje y bromearon con
lo de pasar el platillo de la ofrenda después del postre.

La tertulia se reanudó, pero el tipo que estaba a mi
derecha —con una voz dirigida a mis oídos— comenzó a
hablar sobre su fe... o la falta de ella. Si no tenía ochenta
años, los aparentaba muy bien. Sus párpados caídos a
media asta; sus hombros, hundidos. Inhaló una bocanada
de un cigarro y bebió un sorbo de un *pinot noir*. Su tío, me
dijo, era pastor. Lo había bautizado en un río de Alabama.
Pero eso fue hace siete décadas. Desde entonces, enterró
al niño y también algunos sueños. Desde entonces, ha
construido y perdido uno o dos negocios. Y a partir de
ahí, ha luchado con Dios. «Creo que soy la causa perdida
de Dios», dijo.

Ese hombre encontraría un alma gemela en Jacob.

La historia de Jacob no es fácil de leer puesto que se
portaba mal con mucha frecuencia. Por otra parte, para
nosotros, la historia de Jacob es un alivio al identificarnos con ella porque también nos portamos mal con mucha
frecuencia. Nos preguntamos: *si Dios pudo amar y usar a
Jacob, ¿podría estar dispuesto a hacer lo mismo conmigo?*

Jacob vivió 147 años.[3] Sin embargo, la esencia de su
narración cubre solo veinte años de su vida (de los 77 a
los 97)[4] y once capítulos en el libro de Génesis (27 a 35).
Sabemos muy poco sobre su vida aparte de esos veinte años.

Pero vale la pena reflexionar sobre lo que sabemos de esas dos décadas.

El escenario es el sur de Israel, unos dos mil años antes del nacimiento de Jesús. Los protagonistas son beduinos: habitantes de tiendas y pastores de ovejas. La tierra que los rodea es vasta y accidentada. Su historia es un mosaico de varias capas que comienza con el abuelo de Jacob.

Abraham era rico en manadas y rebaños, plata y oro. También lo era en fe, tan rico —en efecto— que partió de su terruño natal en busca de una nueva tierra que sirviera como el corazón de una nueva nación.[5]

Su fe le permitió crear una nueva nación, pero no un nuevo bebé. Cuando Dios les dijo a Abraham y a su esposa, Sara, que era hora de comprar un cochecito y decorar una habitación infantil, se retorcieron de risa. Abraham estaba llegando a los cien años y Sara a los noventa. La idea de sostener a un bebé sobre aquellas rodillas huesudas los hizo reír desenfrenadamente.[6] Ella bromeó con que los padres y el niño estarían iguales: sin dientes. Abraham concordó con ella y dijo: «¡Todos usaremos pañales!». Él se encorvó con un ataque de risa y ella se rio hasta retorcerse.

Pero el bebé llegó. Lo llamaron Risitas. Bueno, no exactamente, pero podrían haberlo hecho porque Isaac significa «risa»,[7] prueba de que cuando se trata de milagros, Dios ríe al último.

En sus últimos años, Abraham decidió buscarle una esposa a Risitas. Y envió a un sirviente a su tierra natal para conseguir «mujer para mi hijo» (Génesis 24:4). El siervo oró para que Dios le concediera el éxito. Apenas había dicho un «amén» cuando miró hacia arriba y vio a Rebeca, la futura esposa de Isaac. El sirviente buscó la bendición del padre de Rebeca y el permiso de su hermano. El hermano se llamaba Labán. Recuerda ese nombre. En poco tiempo engañará a Jacob, que acababa de engañar a su padre Isaac y a su hermano Esaú. Muchos engaños en esta historia.

Labán le dio a Rebeca al sirviente.

El sirviente le dio a Rebeca a Isaac.

Isaac entregó su corazón a Rebeca.

Y Rebeca le dio a Isaac un par de mellizos: Jacob y Esaú.

Hubo tensión entre los hermanos desde el primer momento. El útero de Rebeca se sentía como una pelea en una jaula. «Los hijos luchaban dentro de ella» (Génesis 25:22). La descripción en hebreo dice: «Los niños se desgarraban dentro de ella».[8] Una vez, mientras se daban patadas, ella le rogó a Dios que le diera una explicación. Y él le dijo:

«Dos naciones hay en tu seno, y dos pueblos se dividirán desde tus entrañas; un pueblo será más fuerte que el otro, y el mayor servirá al menor». (Génesis 25:23)

En el antiguo plan del clan, el hijo mayor heredaría un rango superior al más joven. Sin embargo, en el plan de Dios, Jacob triunfaría sobre Esaú. *El mayor servirá al menor.* Si Dios no lo hubiera dicho, Rebeca nunca lo hubiera imaginado.

Cuando le llegó el momento de dar a luz, resultó que en su seno había mellizos. El primero en nacer era pelirrojo, y tenía todo el cuerpo cubierto de vello. A este lo llamaron Esaú. Luego nació su hermano, agarrado con

una mano del talón de Esaú. A este lo llamaron Jacob.
Cuando nacieron los mellizos, Isaac tenía sesenta años.
(Génesis 25:24-26 NVI)

Esaú llegó a parecer el hombre encargado. Varonil, rojizo
y peludo. Tanto que lo llamaron Peludo o, en la lengua
materna, Esaú, que rima con sube y baja, nombre apropiado
para un tipo cuya vida estaba destinada a estar llena de
altibajos.

Esaú era cazador. Tenía un armario con equipo de camu-
flaje y conducía una camioneta 4x4 completa con soporte
para rifles, llantas para lodo y una calcomanía en el para-
choques que decía «Prefiero estar pescando». Nunca era
tan feliz como cuando perseguía a un ciervo o agitaba una
bandada de codornices. Venados. Patos. Camiones. Ese era
el mundo de Esaú. Risitas lo amaba.

Y Rebeca amaba a Jacob. Este era más metro que macho,
más estudioso que musculoso, más de la casa que de estar
afuera, más de sábado en la biblioteca que de aventuras en la
naturaleza el fin de semana. Jacob fue, bueno, déjame decirlo,
porque pronto lo leerás. Jacob era el consentido de mamá. Era
un «hombre pacífico, que habitaba en tiendas. Isaac amaba
a Esaú... pero Rebeca amaba a Jacob» (Génesis 25:27-28).

Esta era la familia. Hermanos que se enfrentaron en el
útero. Padres que tenían sus favoritos. Esaú y su fuerza, Jacob
y su cerebro. Unión disfuncional. Un terapeuta podría haber
pagado la matrícula universitaria de su hijo asesorando a
esa generación.

Aun así, esos gemelos podrían haber coexistido si no
hubiese sido por el privilegio del derecho de nacimiento antes

mencionado. Derecho que prometía beneficios económicos, preeminencia en el clan, el doble de la herencia y todos los privilegios. Pero lo más significativo era esto: el primogénito de Isaac sería el próximo portador del pacto que Dios había hecho con Abraham, a saber, que Dios bendeciría al mundo a través del descendiente de Abraham: Jesucristo (ver Génesis 12:3; Hechos 3:24-26).[9]

Por tanto, asumiríamos lógicamente que Jacob sería un tipo especial, uno que estaría en el «Salón sagrado de las personas más sagradas». ¿No debería amar a los pobres? ¿Consolar a los enfermos? ¿Aconsejar a los afligidos? ¿Escribir proverbios? ¿Componer algunos salmos? ¿Nacer con un brillo iridiscente? Eso es lo que uno pensaría.

Él, sin embargo, no hizo nada de lo anterior. Tendría sus momentos. Simplemente no muchos. Él nos inspirará, sí; pero nos desconcertará aún más. Su currículum se parecía más a un menú de bebidas —a la hora feliz de un bar— que al plan de estudios de una escuela dominical. Se casó con dos hermanas, aunque solo amaba a una. Permanecía pasivo mientras sus esposas se peleaban. Se acostaba con las criadas. Su familia adoraba a dioses extranjeros. Eligió no hacer nada cuando sus hijos fueron agresivamente a un pueblo y masacraron a una tribu. Su hijo mayor tuvo una aventura con su sirvienta. Su hijo favorito fue vendido como esclavo por sus hermanos. Pasó dos décadas prófugo. Era un chismoso incorregible. El tipo nunca predicó, profetizó ni dijo nada digno de destacar. Si estás buscando una película bien categorizada, Jacob no es tu chico.

Si, por el contrario, quieres ver la firme devoción de Dios...

Si necesitas saber hasta cuándo aguantará Dios a un sinvergüenza y sus escándalos...

Si te estás preguntando si el plan de Dios tiene un lugar para chapuceros, incompetentes, intrigantes y los últimos oportunistas como Joab, que lanzan una moneda al aire para elegir entre su voluntad y la voluntad de Dios...

Si pudieras beneficiarte de una historia de la fidelidad incesante, inquebrantable e inconmovible de Dios...

Si te preguntas si Dios podría usar a una persona cuya santurronería falla... Entonces, lo que necesitas es la historia de Jacob.

Cuando Dios quiso identificarse ante su pueblo, declaró ser el Dios de Abraham, de Isaac y de *Jacob*.[10] No solo de Abraham e Isaac. También de Jacob.

Dios usó a Jacob a pesar de Jacob. Punto.

¿La palabra para tal devoción? *Gracia*. La gracia persiguió a Jacob. Su gracia encontró a Jacob en el desierto. Su gracia lo protegió cuando vivió en el exilio. Su gracia lo derribó al suelo en Jaboc y lo bendijo. Su gracia lo llevó a su hogar en Canaán.

La historia de Jacob es un testimonio de la bondad divina, inesperada, no solicitada e inmerecida.

¿Conoces esa gracia?

La Gracia es Dios como un gran mariscal que guía un desfile de fracasados fuera de los centros de reinserción social y de las prisiones a su palacio.

La gracia de Dios no es para disponer de ella los domingos únicamente. Ella clama en cada tictac del reloj.

La gracia de Dios no depende de tu bondad, es un regalo de Dios que viene de su propia piedad.

La gracia de Dios no es un crucifijo de amuleto en un collar. La gracia de Dios es un tigre en tu corazón.

> La gracia de Dios no se manifestó una
> vez, hace mucho tiempo.
> La gracia de Dios se manifiesta ahora,
> hoy… a cualquiera que eleve una
> oración a Dios.

Su gracia nunca se rinde.

Esa es la clase de Dios que él es, él es el «Dios de Jacob». Nuestro Dios es el Dios de los que luchan y pelean, a veces a duras penas, aferrándose a la vida.

Así que, si estás buscando héroes de las Escrituras refulgentes, te remito a Daniel o a José. Si aspiras dividir un mar Rojo o invocar fuego del cielo, Moisés y Elías serían más propicios para ti.

Sin embargo, si los años te han dejado fisuras en algunas partes, si el rechazo a tu paso ha causado una cojera en tu caminar, si te preguntas —francamente— si eres la causa perdida de Dios, entonces tengo la historia perfecta para ti.

CAPÍTULO 2

DE PRÍNCIPE A PERDEDOR

Génesis 27:1-28:5

PARA COMPRENDER LA INTRODUCCIÓN DE este capítulo, debes recordar los días previos a los teléfonos móviles. Sí, esa era existió. En tiempos pasados, no tan distantes como los de Noé ni tan recientes como los de los titulares de hoy, hubo un segmento de la historia conocido como los «días del teléfono fijo».

Por difícil que sea de creer para los mileniales y los de la generación Z, los teléfonos no siempre fueron móviles. No cabían en los bolsillos ni en las carteras. No eran inalámbricos ni inteligentes. Los teléfonos estaban conectados a cables que se enchufaban a tomacorrientes que se conectaban a líneas telefónicas.

Es verdad. Caminábamos a la escuela todos los días bajo enceguecedoras tormentas de nieve sin GPS para guiarnos o aplicaciones para entretenernos. Eran los viejos tiempos.

Era el año 1973. Nixon era presidente. Watergate se estaba gestando y yo vivía en un dormitorio universitario que estaba, para todos los efectos prácticos, aislado del mundo exterior. Solo se nos permitía hacer llamadas locales desde nuestras habitaciones. Para hablar con alguien en otra ciudad, teníamos que pagar por usar el teléfono.

Para mí, eso no habría sido un problema excepto porque estaba enamorado de una estudiante de primer año que asistía a otra universidad a unas seis horas de distancia. Para hablar con ella tenía que pagar por la llamada. Veo la incredulidad en tu rostro. Tus ojos se están agrandando y parecen del tamaño de las monedas de veinticinco centavos, esas que yo —exactamente— necesitaba para hacer las llamadas. ¡Muchas monedas! Tenía muy poco dinero, pero tuve una idea. Esa idea es la razón por la que cuento esta historia.

Podría cobrar el costo de la llamada a otra persona. La compañía telefónica lo permitía. Así que eso fue lo que hice. ¿A quién cobraría la llamada? ¿Mis padres? Oh, no, nunca habrían pagado. ¿La chica? No, ella estaba tan arruinada como yo.

Así que cargué las llamadas de larga distancia a una tienda de aspiradoras. Resultó ser un número que encontré en la guía telefónica. ¿Conocía al dueño de la tienda? No. ¿Le pedí permiso? Tampoco. ¿Pensé que estaba haciendo algo deshonesto?

Buena pregunta. La verdad es que no estaba pensando en nada. Mi cerebro empañado por el amor, subdesarrollado, apenas pubescente, de dieciocho años, no quería esperar a ahorrar suficiente dinero. ¡Quería hablar por teléfono!

Además, ¿quién lo sabría? *Estoy usando un teléfono público* —me dije—. *¿Cómo se enterará alguien?*

He aquí cómo. Sucedió que el dueño de la tienda vio los cobros y llamó a la compañía telefónica. La empresa telefónica vio el número que había marcado y llamó. Le preguntaron a la chica que respondió si conocía a alguien que pudiera estar llamándola desde un teléfono público en el campus de la Universidad Cristiana de Abilene.

«¿Por qué?, sí lo conozco», dijo inocentemente. Se imaginó que me había ganado la lotería. Tan pronto como puedas decir: «Max, eso fue una tontería», el director del dormitorio me hizo una visita. Yo, a mi vez, fui a la oficina del decano, escribí una disculpa al dueño de la tienda y un cheque a la compañía telefónica, y unos cincuenta años después he estado usando esa historia para ilustrar la estupidez de los atajos.

Eso es lo que usé: un atajo. En vez de tomar el camino honrado, responsable, cuesta arriba y más largo, agarré el ancho, cuesta abajo y deshonesto.

Tú también. Y lo mismo hicieron todas las personas, excepto Jesús, que tomó un respiro y dio un paso en la verde tierra de Dios. «Todos han pecado [*usando atajos*] y están privados de la gloria de Dios» (Romanos 3:23 NVI). El texto entre corchetes es un comentario mío. La escritura simplemente usa la palabra *pecado*. Pero ¿no es el pecado un atajo?

Cuando Adán y Eva arrancaron la fruta, estaban agarrando un atajo. En vez de esperar que el Padre cumpliera sus promesas, ¿por qué no tomar el asunto en sus propias manos?

Así que agarraron la fruta.

Max agarró el teléfono.

¿Y tú?

«¿Tengo que responder eso?».

No en voz alta. Pero ¿podemos estar de acuerdo en que todos nosotros alguna vez hemos elegido la ruta rápida y fácil? ¿Es ese pecado, en lo profundo, la falta de voluntad para esperar, para confiar, para seguir el plan de Dios? ¡Tomamos el asunto en nuestras propias manos!

Eso es lo que hizo Jacob.

Esaú, el voluble, volvió al hogar después de cazar. Tenía el estómago vacío. Olió la olla de frijoles rojos que Jacob estaba revolviendo sobre un fuego ardiente. La fragancia de las cebollas hirviendo, el ajo y la carne marmolada le hizo agua la boca.

—Dame una cucharada, Jacob.

El que lo asió del talón vio una oportunidad.

—¿Cuánto vale eso para ti?

—Cualquier cosa. Me estoy desmayando de hambre.

—¿Cualquier cosa?

—Di tu precio. ¿Quieres mi arco y mi flecha? ¿Mi nuevo cuchillo? Su mango es tan largo como tu pie. Es tuyo por un plato de estofado.

Tal vez en este punto, Jacob vislumbró a su madre asintiendo. Tal vez en este punto, Jacob captó una visión del árbol genealógico con su nombre.

—Quiero la primogenitura.

—¿La primogenitura?

—Sí, la primogenitura.

Esaú miró las lentejas y sopesó las opciones. Después de un breve pensamiento o dos, selló su destino con estas palabras: «Mira, yo estoy a punto de morir, ¿de qué me sirve, pues, la primogenitura?» (Génesis 25:32).

Esaú no habría muerto. Este alboroto no le representaba ninguna amenaza. Él era un cazador; habría sobrevivido. Era grande y musculoso, dos veces más fuerte que su hermanito. Podría haber golpeado fríamente a Jacob con un gancho de izquierda y terminado la sopa antes de que su hermano recobrara el sentido. Pero en lugar de eso, «Esaú restó importancia a sus derechos de primogénito» (traducción libre de Génesis 25:34 de la versión de la Biblia El Mensaje, en inglés). La expresión traducida como *«restó importancia»* denota negligencia o menosprecio, «despreciar algo porque es inútil».[1] El derecho de primogenitura estaba amparado por la ley. El padre no podía dárselo a otro hijo (Deuteronomio 21:15-17). El hijo primogénito, sin embargo, podía perderlo o venderlo. Eso fue lo que hizo Esaú. El derecho de primogenitura era, por lo que él podía ver, un objeto intangible, invisible, que estaba en cualquier parte. Las lentejas estaban justo frente a él. Así que accedió al intercambio.

—Tú sabes lo que esto significa, Esaú —explicó Jacob—. Cuando papá muera, obtendré el doble de lo que tú recibirás.

Esaú ató una servilleta alrededor de su cuello.

— Dos veces, sí. Dos veces.

—Significa que seré el primero, no el segundo.

—Lo que digas. ¿Dónde está la sal?

—Significa que la promesa que Dios le hizo al abuelo Abraham pasará a mi lado de la familia.

—Lo entiendo. ¡Ahora dame el plato de sopa!

No quiero profundizar en el punto, pero el hermano corpulento podría haber tomado muy fácilmente el palillo de dientes de su gemelo y haberle dicho: «Fuera de mi camino. ¡Soy el primero en la fila para todo, incluida esta comida!».

Pero no lo hizo. No quería la primogenitura. Dejó que Jacob la tuviera. Años más tarde, Jacob se llamaría Israel, e Israel finalmente se convirtió en el padre de las doce tribus. Uno de sus hijos, Judá, engendró un linaje que dio a luz al León de Judá: Jesucristo.

Esaú se quedó con un plato de lentejas y una historia como aquel que «vendió su primogenitura por una comida» (Hebreos 12:16). Esaú había tomado un atajo.

¿Y Jacob? No podemos dejar que el hermanito se escape tan fácilmente. ¿Es así como se comportan los héroes de Dios? ¿Conspirando? ¿Coaccionando?

Rebeca sabía que el mayor serviría al menor.[2] Seguramente ella se lo había dicho. ¿Necesitaba el plan de Dios el empujón que le dio Jacob? Por supuesto que no. Podría haber esperado que Dios actuara. *Debería* haber esperado. Pero Rebeca y Jacob decidieron tomar un atajo.

Al pasar a Génesis 27, Isaac estaba en su lecho de muerte. Al menos eso pensaba; pero la verdad es que Isaac no estaba ni cerca de la muerte. A los 135 años, le quedaban otros 45 por vivir (Génesis 35:28).[3]

Y aconteció que siendo ya viejo Isaac, y sus ojos demasiado débiles para ver, llamó a Esaú, su hijo mayor, y le dijo: «Hijo mío». «Aquí estoy», le respondió Esaú. Y dijo *Isaac*: «Mira, yo soy viejo y no sé el día de mi muerte. Ahora pues, te ruego, toma tu equipo, tu aljaba y tu arco, sal al campo y tráeme caza. Prepárame un buen guisado como a mí me gusta, y tráemelo para que yo coma, y que mi alma te bendiga antes que yo muera». (Génesis 27:1-4)

Rebeca escuchó las instrucciones de Isaac y llevó a Jacob a un lado. «Ahora es nuestra oportunidad», susurró. Entonces le dijo a Jacob que preparara una buena comida y se la llevara a Isaac.

Jacob se resistió. «Incluso un anciano con cataratas en los ojos puede distinguirnos». Entonces Rebeca prometió asumir la culpa si el plan fallaba.

Mientras Esaú cazaba, Rebeca y Jacob cocinaron un cordero y cortaron una piel de cabra. Jacob se la echó sobre los hombros y entró en la tienda de su padre. La cabeza de Isaac temblaba bajo el peso de tantos años. Las arrugas cubrían su rostro.

Jacob alteró su voz para imitar el tono ronco de su hermano: Soy Esaú tu primogénito. He hecho lo que me dijiste. Levántate, te ruego. Siéntate y come de mi caza para que me bendigas» (Génesis 27:19)

Isaac cayó en la trampa.

«Sírvante pueblos, y póstrense ante ti naciones; sé señor de tus hermanos, e inclínense ante ti los hijos de tu madre. Malditos los que te maldigan, y benditos los que te bendigan». (Génesis 27:29)

Sin saberlo, Isaac coronó al hijo equivocado.

Tiempo después apareció el hermano mayor, Esaú. Según las instrucciones, había preparado una comida para su papá. Pero este ya no tenía hambre. Y la bendición ya no estaba disponible. Tanto Isaac como Esaú estaban estupefactos.

Isaac tembló con un estremecimiento muy grande, y dijo: «... Yo comí de todo, y lo bendije? Sí, y bendito será».

Al oír Esaú las palabras de su padre, clamó con un grande y amargo clamor, y dijo a su padre: «¡Bendíceme, bendíceme también a mí, padre mío!». Pero Isaac respondió: «Tu hermano vino con engaño y se ha llevado tu bendición».

... Y Esaú dijo a su padre: «¿No tienes más que una bendición, padre mío? Bendíceme, bendíceme también a mí, padre mío». (Génesis 27:33-35, 38)

Tú y yo vemos una solución inmediata a esta crisis. Agarra a Jacob por la nuca y arrástralo de regreso a la tienda, donde Isaac puede *deshacer* la bendición y bendecir correctamente a Esaú. Pero por extraño que pueda sonar a nuestros oídos occidentales, simplemente aquello no funcionaba de esa manera. La bendición tenía un elemento vinculante incorporado. Era irreversible e irrevocable. Isaac podía darle a Esaú una herencia secundaria, pero Jacob ya había cobrado el cheque.[4]

Yo habría esperado que Dios interrumpiera la historia en este punto. Como un director descontento con los actores que grita: «¡Corten! ¡Corten!». Jacob necesitaba corrección. La familia necesitaba dirección. Pero Dios dejó que los hechos se desarrollaran.

En caso de que te lo hayas perdido, déjame señalarte algo. La gracia acaba de subir al escenario. La familia es un volcán a una chispa de erupcionar. Los hermanos discuten. Los padres tienen favoritos. Sin embargo, Dios se ha atado a ellos.

Gracia. La «bondad constante» de Dios. Rompemos las promesas, pero Dios nos perdona. Nos olvidamos de los compromisos, pero Dios aparece. Nos alejamos de él, pero Dios se acerca a nosotros.

Eso no quiere decir que nuestra rebeldía no tenga consecuencias. La relación entre los gemelos se derrumbó como una silla de jardín arrasada por un tornado. A partir de ese momento, «Esaú, pues, guardó rencor a Jacob a causa de la bendición con que su padre lo había bendecido; y Esaú se dijo: "Los días de luto por mi padre están cerca; entonces mataré a mi hermano Jacob"» (Génesis 27:41). Rebeca se enteró de la promesa por parte del hermano engañado, le avisó a Jacob y le dijo que se escapara mientras todavía podía hacerlo. Jacob escapó rápidamente. Rebeca y Jacob consiguieron lo que querían, ¡pero a qué precio! Claro, Jacob robó la bendición, pero...

- su familia se desintegró,
- deambuló sin hogar,
- tuvo que huir por su vida,
- su gemelo quería matarlo,

- traicionó la confianza de su padre
- y él, que sepamos, nunca volvió a ver a su madre.

Perdió toda la prosperidad que habría recibido de la primogenitura. Nada de rebaños, manadas ni posesiones. Su vida era un caos miserable. La próxima vez que lo vemos usa una piedra como almohada. Jacob pasó de príncipe a perdedor en un día.

Todo porque tomó un atajo.

Todo porque no podía esperar.

¿Y nosotros? ¿Qué atajos estamos tomando en la vida? Dios ha prometido darnos todo lo que necesitamos. Un jardín de Edén alegre, esperanzador, vida y amor, todo eso es nuestro si lo pedimos. Todo lo que tenemos que hacer es esperar en Dios. ¡Pero él tiene su momento! Su tiempo no está sincronizado con el nuestro.

Así que cortamos distancias. Hacemos trampa, si no al dueño de la tienda de aspiradoras, la hacemos en los exámenes, con los impuestos. Engañamos. No con pieles de cabra y cordero, sino con mentiras, exageraciones y declaraciones falsas. Pulimos manzanas, exageramos los hechos, mencionamos nombres y hacemos funcionar el sistema.

«Dios quiere que yo tenga este trabajo. Así que exageraré mi currículum».

«Dios quiere que yo sea feliz. He encontrado la felicidad en los brazos de una mujer que no es mi esposa».

«Sé que Dios quiere que diga la verdad. Pero en este caso la verdad me meterá en problemas. Una pequeña mentira no hará daño».

¿Cuántos atajos se han justificado con la mejor de las intenciones?

En la sentencia por su papel en el escándalo de los sobornos para las admisiones universitarias en 2019, la actriz Lori Loughlin se dirigió al tribunal para decir:

«Tomé una decisión horrible. Acepté un plan para darles a mis hijas una ventaja injusta en el proceso de admisión a la universidad. Al hacerlo, ignoré mi intuición y me dejé desviar de mi brújula moral.

»Pensé que estaba actuando por amor a mis hijos, pero en realidad solo socavó y disminuyó las habilidades y los logros de mis hijas».[5]

Un atajo equivocado, incluso uno tomado por las razones correctas, siempre causa dolor a alguien. Es un laberinto con muchas trampas ocultas.

Con Dios no hay atajos. Ninguno. Nada. Cero. Él no necesita que lo aceleres. Ni que yo lo ayude con sus planes. Si Dios hubiera querido que Jacob tuviera la bendición, la tendría. Rebeca no necesitaba confabularse. Jacob no necesitaba engañar. Si Dios quería que Jacob llevara el manto, eso era un hecho.

Todo lo que Rebeca y Jacob tenían que haber hecho era lo único que les resultaba difícil: esperar en el Señor.

¿Y tú?

¿Qué estás buscando? ¿Necesitando? ¿Qué te falta?

¿Una esposa? Espera en el Señor.

¿Un nuevo trabajo? Espera en el Señor.

¿Que tu marido vuelva a casa? ¿Que tu barco llegue? ¿La carrera de tus sueños? ¿Que tu negocio tenga éxito? Si es así, aquí tienes lo que necesitas saber. El tiempo de Dios siempre es perfecto. Su plan siempre es el mejor. Su voluntad nunca incluye engaño ni manipulación. Su estrategia nunca destruye a las personas ni requiere concesiones. Nunca acosa, pelea, menosprecia o lastima a la gente. Si tú haces eso, entonces no estás en la voluntad de Dios. Puedes pensar que él es lento para actuar, pero no lo es. Confía en él... y espera.

Mantén tu cabeza erguida, las rodillas dobladas y los ojos abiertos. Espera en el Señor. Toma el camino angosto y la senda cuesta arriba. Sé el empleado que hace su trabajo con excelencia, el alumno que estudia para el examen.

Y paga tus propias llamadas telefónicas. Si no puedes pagar el precio, quédate en tu habitación, haz tu tarea y no te metas en problemas.

Nunca sabes. Es posible que conozcas a la chica de tus sueños ahí mismo, en tu campus. A mí me pasó eso. Estaba a unos pocos semestres de conocer al amor de mi vida. El amor verdadero, como se vio después, estaba a una llamada en la misma ciudad.

CAPÍTULO 3

ESCALERAS DEL CIELO

Génesis 28:10-17

HAS TENIDO, O TENDRÁS, MOMENTOS DE profunda desesperación. Has tenido, o tendrás, horas en que tus ojos lloren como un río y tu corazón se rompa en mil pedazos. Has tenido, o tendrás, viajes por senderos secos y áridos que te dejarán agotado y aislado.

Te sentirás despojado de todo lo que aprecias. Mirarás a tu alrededor y no verás a nadie que te consuele. Buscarás la fuerza, pero la buscarás en vano, porque no te llegará.

Sin embargo, en ese momento desolado mientras te sientas cerca de la lápida y lloras, en un taburete de un bar y bebes, o en tu dormitorio y suspiras, Dios se encontrará contigo. Lo sentirás y lo verás como nunca antes.

No te quejes de las temporadas estériles, porque en la desolación hallamos a Dios. Allí encontramos la presencia de Dios. Jacob lo hizo. Y nadie se sorprendió más que él.

De un solo golpe había engañado a su hermano y a su anciano padre. Rebeca, la madre de los gemelos, vio la ira de Esaú y corrió a advertir a Jacob. «Tiene una mirada en sus ojos. No empaques nada. No agarres ni una capa. No dejes de correr y no mires atrás». El airado estaba tras sus talones. Ella le dijo que se fuera a la tierra de su hermano Labán y que se quedara allí mientras Esaú se calmaba.

Jacob hizo exactamente eso. Agarró un odre, llenó un saco con higos y frutas y, con una última mirada a su madre, montó en su camello y se fue. Partió de Beerseba rumbo a Mesopotamia (la actual Turquía): viajó 880 kilómetros.[1]

Jacob estaba en caída libre. Dejó atrás a una madre que sollozaba, a un hermano furioso y a un padre envejecido y enojado. No tenía rebaños. Ni siervos que le sirvieran. Ni guardias para protegerlo. Ni cocineros que le prepararan la comida. Ni compañeros. Ni recursos. No tenía nada.

Jacob se crio como un rico de Fortune 500, rodeado de sirvientes, pastores y esclavos. Su abuelo era «rico en ganado, en plata y en oro» (Génesis 13:2). Abraham y su sobrino Lot fueron tan bendecidos que «la tierra no podía sostenerlos... sus posesiones eran tantas que *ya* no podían habitar juntos» (Génesis 13:6). Esa riqueza se transfirió al hijo de Abraham. «Isaac se enriqueció, y siguió engrandeciéndose hasta que llegó a ser muy poderoso, porque tenía rebaños de ovejas, vacas y mucha servidumbre» (Génesis 26:13-14).

Jacob era nieto de un barón. Hijo de un aristócrata. Si hubiera vivido hoy, habría sido criado en una mansión, mimado por sirvientes y educado en las mejores escuelas. Tenía todo lo que necesitaba. Pero entonces, de un momento a otro, no tenía nada. Tuvo que correr por su vida, de repente y completamente solo.

En los dos primeros días viajó 68 kilómetros desde Beerseba hasta Betel, una sabana estéril que se encontraba a unos diecisiete kilómetros al norte de Jerusalén.[2] La tierra por la que caminó estaba quemada y cubierta de rocas, desolada como un baldío.

En la tarde del segundo día, como el sol se puso sobre un pueblo llamado Luz, se detuvo para pasar la noche. No entró a la ciudad. Quizás sus ocupantes fueran gente peligrosa. Quizás Jacob estaba inseguro. No se revela por qué se detuvo antes de Luz. Lo que se nos dice es esto: «Tomó una de las piedras del lugar, la puso de cabecera y se acostó en aquel lugar» (Génesis 28:11).

Ni siquiera tenía una estera para su cabeza, era la versión del hijo pródigo de la Edad de Bronce. El desierto era su chiquero. Pero el hijo pródigo de la parábola hizo algo que Jacob no hizo. «Volvió en sí» (Lucas 15:17). Recobró sus sentidos. Miró a los cerdos que estaba alimentando, consideró la vida que llevaba y decidió: «Me levantaré e iré a mi padre» (Lucas 15:18).

Jacob no mostró esa iniciativa. No tomó ninguna decisión, no mostró convicción de pecado, no manifestó remordimiento. Jacob no oró, como lo hizo Jonás; ni lloró, como lo hizo Pedro. Es más, la falta de arrepentimiento de Jacob es lo que hace de la siguiente escena una de las grandes historias de la gracia en la Biblia.

La luz del día se tornó dorada. El sol se deslizó hacia abajo como un parpadeo. El anaranjado dio paso al negro. Las estrellas comenzaron a titilar. Jacob se adormeció y, en un sueño, vio:

> … una escalera apoyada en la tierra cuyo extremo superior alcanzaba hasta el cielo. Por ella los ángeles de Dios subían y bajaban. El Señor estaba de pie junto a él. (Génesis 28:12-13)

Un zigurat atravesaba la distancia entre el improvisado lecho de tierra estéril y Jacob, y la morada más alta y sagrada del cielo. La escalera estaba llena de actividad: ángeles subiendo y bajando. Su movimiento era una avalancha de luces, de un lado a otro, hacia arriba y hacia abajo. La escritura hebrea en cuanto a la respuesta de Jacob habla de brazos alzados y boca abierta. Una traducción sencilla sería «¡Allí, una escalera! ¡Ah, ángeles! Y mira, *el propio Señor!*» (v. 16).[3]

Cuando Jacob despertó, se dio cuenta de que no estaba solo. Se había sentido solo. Supuso que estaba solo. Parecía estarlo. ¡Pero estaba rodeado de honorables ciudadanos del cielo!

Así estamos nosotros.

Millones de poderosos seres espirituales caminan en la tierra alrededor nuestro. Más de ochenta mil ángeles estaban listos para acudir a ayudar a Cristo.[4] Las Escrituras hablan de «incontables miles de ángeles que se han reunido llenos de gozo» (Hebreos 12:22 NTV). Cuando Juan, el apóstol, vislumbró el cielo, vio «miríadas de miríadas, y millares de millares» (Apocalipsis 5:11). ¿Puedes calcular lo que eso significa? Yo tampoco. Los ángeles son al cielo lo que las estrellas al firmamento nocturno. ¡Demasiados para contarlos!

¿Cuál es la tarea de ellos? «¿No son todos ellos espíritus ministradores, enviados para servir por causa de los que heredarán la salvación?» (Hebreos 1:14). No hay un avión en el que viajes ni un aula de clases a la que entres en que no estés precedido y rodeado por los poderosos siervos de Dios. «Él dará órdenes a Sus ángeles acerca de ti, para que te guarden en todos tus caminos» (Salmos 91:11).

Sheila Walsh experimentó la promesa de ese pasaje. A la edad de treinta y cuatro años ingresó, por su propia voluntad, a un hospital psiquiátrico. Uno no habría sospechado ningún motivo de preocupación. Justo el día anterior estuvo de coanfitriona de una transmisión televisiva nacional muy conocida. Sin embargo, una tormenta se desataba en su interior.

En definitiva, Sheila fue diagnosticada como víctima de depresión y trastorno de estrés postraumático (TEPT). Pero la primera noche nadie sabía lo que estaba mal. El personal del hospital la puso bajo vigilancia por sospecha de suicidio. Sheila tenía todas las razones para sentirse sola. Pero no lo estaba.

En las primeras horas de la mañana del segundo día, Sheila notó que otra persona había entrado en su habitación. Ella llevaba horas sentada con la cabeza enterrada en su regazo. Al sentir la presencia del visitante, alzó la mirada.

Supuso que era alguien de la vigilancia por el suicidio en potencia. Pero algo era diferente. Era un hombre fuerte con ojos tiernos. Mientras su mente intentaba procesar quién podría ser, el hombre le puso algo en las manos: un pequeño juguete de peluche: un cordero. Él le dijo: «Sheila, el Pastor sabe dónde encontrarte». Y, con eso, su visitante se fue.

Dios le había enviado un ángel.

Alrededor de las seis de la mañana, Sheila se despertó con el sonido de los camilleros que entraban en su habitación. Se había quedado dormida en el suelo. Allí, al pie de su silla plegable, estaba el cordero que el hombre le había dejado horas antes.[5]

A Jacob no se le dio un cordero, pero se le dio el consuelo del cielo. El mensaje de la visión no puede ser más claro: cuando estamos en lo más bajo, Dios nos cuida desde lo más alto. Un conducto de gracia se extiende entre nosotros, sobre el cual los mensajeros llevan a cabo la voluntad de él.

Estos ángeles llevan nuestras oraciones a la presencia de Dios. En la visión del apóstol Juan, «Otro ángel vino y se paró ante el altar con un incensario de oro, y se le dio mucho incienso para que *lo* añadiera a las oraciones de todos los santos sobre el altar de oro que estaba delante del trono» (Apocalipsis 8:3).

Cuando Dios escucha nuestras peticiones, ¡responde con truenos! «Después el ángel tomó el incensario, lo llenó con el fuego del altar y lo arrojó a la tierra, y hubo truenos, ruidos, relámpagos y un terremoto» (Apocalipsis 8:5).

Nuestras oraciones tienen un impacto atmosférico en las acciones del cielo.

Madres, cuando oran por sus hijos...

Maridos, cuando piden sanidad en sus matrimonios...

Hijos, cuando se arrodillan en sus camas antes de dormir...

Ciudadanos, cuando oran por su país...

Pastores, cuando oran por los miembros de sus iglesias...

¡Tus oraciones desencadenan la ascensión de los ángeles y el descenso del poder!

Jacob vio actividad celestial. Uno bien podría preguntarse por qué Dios descorrió el velo y le mostró, a Jacob, las huestes que lo rodeaban. Después de todo, Jacob no había buscado a Dios. Sin embargo, lo que vio apenas se compara con lo que escuchó. Uno esperaría un sermón, una santa reprensión. Pero Dios le dio a Jacob algo completamente diferente. Le dijo que haría de él y de su descendencia un gran pueblo que cubriría la tierra. A pesar de los engaños y atajos de Jacob, Dios le repitió la bendición que les dio a Abraham e Isaac: «Ahora bien, Yo estoy contigo. Te guardaré por dondequiera que vayas y te haré volver a esta tierra. No te dejaré hasta que haya hecho lo que te he prometido» (Génesis 28:15). El fugitivo no había sido abandonado. El tramposo no había sido olvidado. Dios se comprometió a cuidar de Jacob toda su vida.

Insisto, podríamos preguntarnos por qué. ¿Había hecho algo Jacob para comprobar que era digno de la bendición? No. Hasta ahora, Jacob no había hecho más que tonterías. Era incapaz de mantener la integridad. Asumió el papel de subordinado a su hermano. Vivía como un jugador empedernido. Hasta ahora, no hay una sola mención de Jacob y la oración, Jacob y la fe o Jacob y su búsqueda ferviente de Dios.

Aun así, Dios empapó a su indigno fugitivo con un Niágara de bondad inesperada.

Dios no se apartó de aquel que se había apartado de él. Dios fue fiel. Y todavía lo es. «Si somos infieles, Él permanece fiel» (2 Timoteo 2:13).

Pregúntale a mi amigo William. Tenía todo a su favor. Fue criado en un hogar comprometido por unos padres fantásticos. Jugó en el equipo de golf de la prestigiosa Universidad de Wake Forest. Era lo suficientemente inteligente como para ser becado para un programa de maestría en administración de negocios.

Sin embargo, bebía demasiado. Consumía drogas y violaba las reglas del equipo. Su beca estaba en peligro. Su futuro estaba en la cuerda floja. William estaba abatido. Estaba a punto de perderlo todo cuando Dios le habló. (William se detuvo cuando me contaba esta historia. «No soy un excéntrico, Max. Fui criado como presbiteriano. No puedo ni esforzarme por ser carismático»).

Sin embargo, Dios le habló de una manera tan vívida como lo hizo con Jacob. William estaba solo en un camino por el bosque cuando vio a Jesús. «Todo lo que te han dicho acerca de mí es verdad», dijo el Salvador. «Estoy aquí. Te amo. Es hora de que vayas a casa».

William hizo eso. Cambió de grupo de compañeros y encontró un mentor espiritual. Al cabo del tiempo, cambió su especialización en negocios a una en teología. Fungió, por décadas, como ministro y ahora dirige una organización de colocación laboral que sirve a iglesias y organizaciones sin fines de lucro en todo el mundo.

Lo mismo que Dios hizo por Jacob, lo hizo por William. Dios lo buscó y lo llamó.

Hizo lo mismo por Mateo. Cuento su historia con su permiso, aunque sin usar su nombre real. Su lucha implica pornografía, por lo que no quiere arriesgarse a avergonzar a su familia.

Sin embargo, está ansioso por mostrar la bondad de Dios. La pornografía tenía a Mateo atado: internet, revistas, tiendas para adultos. La fuerza de la atracción era un señuelo que Mateo no podía evadir.

La experiencia como la de la escalera de Jacob, que experimentó, ocurrió mientras caminaba por una concurrida calle de la ciudad, después de pasar la tarde en un sórdido club nudista. El remordimiento de su caída, otra más, cayó sobre él como una red sobre una presa. «Señor, no merezco tu gracia otra vez», musitó.

Dios habló en sus pensamientos. «Por supuesto que no. Por eso la llamo gracia. Hijo mío, estás perdonado. Te perdoné la primera vez que lo pediste. Te perdonaré la última vez».

En ese momento, Mateo dijo que llegó a entender la escritura que dice: «La bondad de Dios te guía al arrepentimiento» (ver Romanos 2:4). Mateo experimentó un nuevo comienzo.

Eso es lo que hace la gracia. Persigue. Persiste. Aparece y habla. En nuestros sueños. En nuestra desesperación. En nuestra culpabilidad. La gracia es Dios moviéndose y diciendo: «Yo estoy contigo. Te guardaré por dondequiera que vayas... No te dejaré hasta que haya hecho lo que te he prometido» (Génesis 28:15).

Extraordinario, ¿no te parece? Jacob ciertamente se sentía así. «Despertó Jacob de su sueño y dijo: "Ciertamente el Señor está en este lugar y yo no lo sabía"» (Génesis 28:16).

¿Cuántas personas podrían decir lo mismo? El Señor está en este lugar, pero ellos no lo saben. No conocen al Dios que se encuentra con nosotros. Creen en un Dios que creó el mundo, pero no en un Dios que se involucra con el mundo. Un Dios que hizo el universo, pero no en un Dios que marque la diferencia día a día. Un Dios que empezó todo, pero no en un Dios que camina en medio de todo. Cristianos ateos, es lo que son.

Su fe cojea porque no reconocen la presencia de Dios.

Dios estaba —¡y está!— hablando contigo. Invitándote a mirarlo, inclínate hacia él. ¡Ese es él! De pie en la parte superior de la escalera. Enviando ángeles para que te ayuden, recibiendo a los ángeles que entregan tus oraciones.

¿No me crees? ¿Crees que la invitación se limitó a un patriarca en el desierto de Beerseba? Entonces apresúrate a leer el Evangelio de Juan y escucha lo que Jesús nos dice a ti y a mí: «En verdad les digo que verán el cielo abierto y a los ángeles de Dios subiendo y bajando sobre el Hijo del Hombre» (Juan 1:51). Tu escalera al cielo no es una visión. Es una persona. Jesús es nuestra escalera.

Se llama a sí mismo el «Hijo del Hombre», título que se refiere a su preexistencia. Se usa ochenta y dos veces en los evangelios y ochenta y una de esas ocasiones por el propio Jesús.[6] Él está, en esencia, anunciando que: «Yo soy aquel sobre quien los ángeles ascienden y descienden. Soy el vehículo de bendición para el mundo».

Cristo, nuestro intermediario, está en todas partes en todo momento, igualmente presente con el Padre para escuchar nuestras oraciones como lo está con el Espíritu para responderlas. «Porque hay un solo Dios y también un solo Mediador entre Dios y los hombres, Cristo Jesús hombre» (1 Timoteo 2:5). Él está en ambos extremos de la escalera: Jehová en la parte superior, Jehová en la parte inferior.

Él es el conducto a través del cual llegan las bendiciones y ascienden las oraciones. Él es el intermediario entre Dios y tú. La pregunta no es «¿Está activo?». La pregunta es «¿Estamos mirando?».

Jacob estaba lejos de su familia, era fugitivo de su hermano, víctima de su propia necedad. El buitre que picoteaba su alegría se crio en su propio nido. Estaba sin dinero y sin hogar, ni siquiera tenía una manta para cubrir su cabeza. Pensó que lo había perdido todo, pero en realidad lo había encontrado todo. Encontró un Padre celestial que lo encontró a él primero.

Jacob respondió admirablemente. «Tomó la piedra que había puesto de cabecera, la erigió por señal y derramó aceite por encima. A aquel lugar le puso el nombre de Betel [Casa de Dios]» (Génesis 28:18-19).

Jacob convirtió su almohada en un pilar y le dio un nuevo nombre al lugar de su dolor. La almohada de piedra, símbolo de todo lo que le faltaba, se convirtió en un pilar sagrado, un monumento conmemorativo de todo lo que encontró. La tierra ya no era algo baldío azotado por el viento. Era un lugar de Dios.

¿Cuál es tu versión de la almohada de piedra? ¿Qué te hace evocar los errores que has cometido, las cosas que has perdido? ¿La firma de un divorcio? ¿Una lápida? ¿La foto de los niños que te olvidaron?

¿Cuál es tu versión de desierto? ¿Una casa vacía? ¿Una habitación de un hospital? ¿Un escritorio lleno de facturas sin pagar?

La promesa de Jacob y Betel es esta: el Señor está en el desierto, en la desesperación, en la miseria, en el desorden, en el caos y en los corazones quebrantados. Dios se encontrará contigo en este punto de referencia no deseado e inoportuno. Con su ayuda tu almohada se convertirá en un pilar; tu tierra estéril se convertirá en un lugar de adoración. Dios hablará, vendrán ángeles, y pronto declararás: «El Señor está en este lugar, y yo no lo sabía».

CAPÍTULO 4

SIN INTERCAMBIO DE FAVORES

Génesis 28:20-22

DIOS NO HABÍA HECHO SU PARTE. TODO SE
reducía a eso. No había cumplido su parte del trato.

Y yo estaba molesto. Hice lo que dije que haría.

¿Pero Dios? El cielo no podría hacer la misma afirmación.

Así que era hora de un ajuste de cuentas, algo merecido. Había llegado la hora de ventilar mi queja. Hice exactamente eso. En una fría noche decembrina de 1985, conduje hasta la vasta pradera del oeste de Texas y estacioné el sedán Chevrolet de mi padre junto a una bomba hidráulica. Yo no vivía en Texas en ese tiempo. Vivía en Río de Janeiro, Brasil. Sin embargo, me crié en Texas. Mi padre había hecho carrera en los campos petroleros. Él y Brasil eran los sujetos de mi acuerdo con Dios.

Iría a Brasil y, a su vez, Dios sanaría a mi padre. Tan simple como eso. A papá le diagnosticaron esclerosis lateral amiotrófica (ELA) en 1982. Denalyn y yo planeábamos mudarnos a Río en 1983. Tras su diagnóstico, nos dispusimos a abandonar nuestros planes y permanecer cerca de él. Él no escucharía nada de eso. En una carta que atesoro, nos dijo: «No tengo miedo a la muerte ni a la eternidad. Solo ve y agrada a Dios».

Antes de irnos, Dios y yo llegamos a un entendimiento. Renunciaríamos a días preciosos con papá y, a cambio, nos haría lo que los médicos no podían hacer: sanar a mi padre. El resultado sería un testimonio de renombre: «Dios sana a padre de misionero sacrificado». Papá disfrutaría de una salud restaurada. La iglesia tendría una historia que contar durante las próximas décadas. ¡Un trato en que todos ganábamos para el reino!

Solo hubo un problema. La condición de papá no mejoró, empeoró. Nos llamaron de regreso a Texas con permiso de ausencia por emergencia. Corrimos al hospital para encontrarlo intubado y débil. Pasé el día en la sala de espera de la unidad de cuidados intensivos con una tormenta en mi interior.

Esa noche fui al campo petrolífero, pisé —de un lado a otro— el suelo llano y de grava y presenté mis quejas.

«¿Acaso no fui a Brasil?».

Silencio.

«¿No reubiqué a mi familia allá?».

Silencio.

«¿Acaso no hice lo que dije que haría?».

Silencio.

«Entonces, ¿por qué no sanas a mi padre?».

Silencio.

Dios no habló. Y, hasta entonces, supe por qué. El arreglo fue producto de mi imaginación. Ese arreglo tenía una sola firma. Y revelaba un malentendido que tenía en cuanto a Dios.

Jacob sufría del mismo concepto erróneo.

La última vez que lo dejamos, Jacob tenía los ojos muy abiertos debido al momento más místico que estaba viviendo. Vio lo invisible. Tuvo el privilegio de echar un vistazo al portal sagrado entre los reinos. Los escalones de piedra conectaban el cielo con la tierra. Los ángeles ascendieron y descendieron por ellos. Dios, desde arriba, habló palabras de afirmación a Jacob abajo: cada bendición disfrutada por Abraham e Isaac continuaría en la vida de Jacob.

La teofanía de Jacob lo dejó con una epifanía: «Dios ha estado en este lugar». El terror y la adoración se mezclaron adecuadamente. Convirtió su almohada en una columna, la ungió con aceite y llamó a la extensión de tierra estéril «la casa de Dios».

Esperamos que este encuentro lo dejara como un hombre diferente, consciente de sus defectos. Ese fue ciertamente el caso de otras personas en las Escrituras que tuvieron una cita con el Todopoderoso a cara descubierta.

Dios le habló a Isaías en una visión similar a la de Jacob. El momento hizo que Isaías exclamara: «¡Ay de mí! Porque perdido estoy, pues soy hombre de labios inmundos» (Isaías 6:5).

Cuando Pedro vio a Cristo realizando un milagro en el mar de Galilea, se dio cuenta de la divinidad de Jesús. Cayó a los pies del Maestro y declaró: «¡Apártate de mí, Señor, pues soy hombre pecador!» (Lucas 5:8).

El velo del cielo se corrió lo suficiente como para que Juan viera a veinticuatro ancianos y cuatro criaturas vivientes adorando a Dios. El apóstol estaba tan abrumado que se volvió hacia el ángel y «[cayó] a sus pies para adorarlo. Y me dijo: "No hagas eso... ¡Adora a Dios!"» (Apocalipsis 19:10).

Isaías estaba deshecho. Pedro estaba abrumado. Juan adoró. Esperamos algo similar de Jacob. Pero ¡ah!, cualquier asombro que pudiera haber sentido se evaporó rápidamente y comenzó a negociar con Dios.

> Entonces Jacob hizo un voto, diciendo: «Si Dios está conmigo y me guarda en este camino en que voy, y me da alimento para comer y ropa para vestir, y vuelvo sano y salvo a casa de mi padre, entonces el SEÑOR será mi Dios. Y esta piedra que he puesto por señal será casa de Dios; y de todo lo que me des, te daré el diezmo». (Génesis 28:20-22)

¿Captas el lenguaje de la mediación? «Si [tú] Dios... entonces el SEÑOR será mi Dios...».

Si tú, Dios,...

estás conmigo,
me cuidas,
me alimentas,
me vistes,
me regresas a la casa de mi padre,

entonces yo, Jacob,...

te declararé como mi Dios,
construiré una casa de adoración,
te daré la décima parte de todo lo que me des.

Jacob negoció. En vez de recibir la bendición y agradecer, el cazador de ofertas elaboró los puntos clave de un contrato. Le habló a Dios como lo haría con un comerciante de camellos. Sugirió un contrato. Una transacción. Un acuerdo.

Otros hicieron algo similar. Abraham le rogó a Dios que detuviera su ira sobre Sodoma si había diez justos (Génesis 18:32). Ana se comprometió a consagrar a su hijo si Dios se lo daba (1 Samuel 1:11). No, Jacob no fue el primero en negociar con Dios. Sin embargo, fue más lejos que Abraham y Ana. Su creencia en Dios dependía de la protección que Dios le diera a él. *Aliméntame, cuídame*, entonces *te declararé como mi Dios*.

Hace unos días me reuní con una pareja joven. Su hijo pequeño resultó herido en un accidente automovilístico. Cuando los visité en el hospital, el niño estaba con soporte vital. Mientras estábamos afuera de la UCI y hablábamos, no vi tristeza en sus ojos, sino ira. Ira contra Dios.

«Si se lleva a mi hijo», gruñó el joven padre, «nunca volveré a creer en él».

La esposa asintió con los labios fruncidos y los puños cerrados.

¿Quién puede juzgar su dolor? Sin embargo, ¿quiénes somos nosotros para hacer tal declaración? ¿Nos atrevemos a basar nuestra creencia en la respuesta de Dios a nuestras oraciones?

Un término adecuado para esto podría ser *teología transaccional*. La teología transaccional presupone que nos encontramos con Dios en igualdad de condiciones. *Él tiene lo que quiero. Yo tengo lo que él quiere.* Entonces llegamos a un acuerdo.

«Si curas a mi padre, me mudaré a Río».

«Si me ayudas en esta entrevista, seré amorosa con mi esposo».

«Si me sacas de la cárcel, seré predicador».

«Si tú haces esto, yo haré aquello».

¿En serio? ¿En base a qué negociamos con Dios?

A. W. Tozer escribió:

Si por nosotros fuera, tenderíamos inmediatamente a reducir a Dios a términos manejables. Queremos llevarlo a donde podamos usarlo, o al menos saber dónde está cuando lo necesitamos. Queremos un Dios que podamos controlar en alguna medida.[1]

Cada vez que sugerimos que controlamos los dividendos espirituales de Dios, que Dios es un genio que espera que frotemos la lámpara, que Dios es un cajero

SIN INTERCAMBIO DE FAVORES

automático que dispensa bondad si ingresamos el PIN correcto, que Dios es un hada del cielo que tiene la obligación de hacernos lo que queremos porque hemos llegado a un acuerdo con él, estamos al borde de la herejía. Hemos intercambiado un Dios trascendente, ante quien somos responsables, por un Dios dependiente que es responsable ante nosotros.

¿El resultado de una fe transaccional?

Desilusión. ¿Cuántas veces has escuchado a alguien decir algo como «Renuncié a Dios hace años? Mi hijo estaba enfermo. Le dije: "Dios, si estás allá arriba, por favor sana a mi hijo". No lo sanó. Entonces, en lo que a mí respecta, no hay Dios».

Cuántas personas se han encontrado en su versión de un campo petrolífero del oeste de Texas, mirando un oscuro cielo nocturno y exigiendo: «¿Por qué no haces tu parte?». ¿Cuántas personas han reducido a Dios a una deidad de bolsillo? ¿Cuántos se han perdido una relación vibrante y vivificante con nuestro gran Padre porque su visión de él es pequeña y la de sí mismos está tan inflada?

Afírmese claramente y entiéndase profundamente: no hay intercambio retributivo con Dios. Él no es un vendedor ambulante ni mercader de pulguero. No hay ojo por ojo, esto por aquello, ni nuestra parte por la parte de Dios.

La Escritura contrarresta la teología transaccional con este mensaje: a Dios le agradamos, pero no es como nosotros. Jesús nos enseñó a orar: «Padre nuestro que estás en los cielos, santificado sea Tu nombre» (Mateo 6:9). La raíz de la palabra *santificado* es *hagios*, de la cual derivamos las palabras santo y santidad. La que implica el significado de «único, diferente, separado».[2] Insisto, le agradas a Dios. Pero él no es como tú.

A él no le afecta la gravedad.
El dolor no lo atormenta.
La economía no lo desconcierta.
El clima no le molesta.
Las elecciones no lo definen.
Las enfermedades no lo contagian.
La muerte no puede reclamarlo.

¡Él está por encima de todo esto!

Él es «el Altísimo sobre toda la tierra» (Salmos 83:18). La tierra es el estrado de sus pies (ver Isaías 66:1). Nuestro mundo cabe en su bolsillo. Nuestro universo podría sentarse en la palma de su mano. Él es santo. Él llena el cielo y la tierra como el balde que se sumerge en el océano y se llena de agua. Dios no es contenido. Él contiene todo.

Dios es para nosotros lo que mi hermano y yo fuimos para nuestra granja de hormigas. Mi hermano la construyó como un proyecto de ciencias de la escuela secundaria. Era un dispositivo simple: dos paneles transparentes de plástico separados por una pulgada de tierra. Los paneles tenían un tamaño de un pie cuadrado y la tierra estaba poblada de hormigas. Eran pequeñas criaturas ocupadas: excavando túneles, corriendo a través de su laberinto de cámaras y cavernas.

Aunque podíamos ver todo acerca de su existencia, ellas no se daban cuenta de la nuestra. Todo lo que las hormigas sabían era que, el universo entero consistía en un pie cuadrado de tierra.

Lo que para mí era fácil, para ellas era imposible. Podría andar en bicicleta por la cuadra. Podría lanzar una pelota de béisbol con mis amigos. Yo era solo un niño de cuarto grado, pero en comparación con las hormigas, era «el altísimo».

Imagina mi sorpresa cuando una de las hormigas intentó hacer un trato conmigo.

Una tarde, cuando estaba terminando la tarea de cuarto grado, escuché una voz aguda y chillona.

—¡Max!

Aparté la vista de mi libro de texto y vi al más pequeño de los insectos de pie sobre un grumo de tierra aún más pequeño.

—Max —repitió—, ¡Quiero hacer un intercambio contigo!

Miré a mi alrededor para asegurarme de que mi hermano no me estaba jugando un truco. Él no estaba. Ese fue un grito legítimo de un habitante de una granja de hormigas.

—¿Qué quieres decir? —respondí.

—Quiero ser ascendido a rey del hormiguero. Si haces que eso suceda por mí, te daré este pedazo de tierra.

Señaló la mancha sobre la que estaba parado.

—No quiero tu suciedad —le dije.

—Está bien —respondió—. Te daré una miga de pan.

—No quiero tu miga de pan —respondí—. Además, para empezar, fui yo quien te dio la miga.

Eso continuó por varios minutos. Hasta me prometió unas vacaciones en su apartamento de dos habitaciones en el túnel de las hormigas. Finalmente, le dije que dejara de molestarme.

—¿No lo entiendes? Tú no tienes nada que yo necesite; en cambio, yo tengo todo lo que tú necesitas. Tu granja existe porque yo quise que existiera.

Se alejó enfadado.

—¡Ya no creo en Max!

Se hizo un *ateo*.

Muy bien, la historia es un poco exagerada. Pero el punto no es ese.

Dios, en un grado infinitamente mayor, es «más alto» que nosotros. Nuestro planeta no es más que una granja de hormigas para él. Las profundidades de la tierra no son más que arrugas en la mano de Dios. La montaña más alta es más pequeña que el dedo más chico de su pie. «Él no es intercambiable con ninguna criatura en el cielo ni en la tierra, ni con la semejanza de cualquier producto de la imaginación humana. Él es soberano y su nombre es santo sobre todo otro nombre, y no puede ser nombrado con ningún otro en el mismo aliento».[3]

Nada impide más el desarrollo espiritual que tener una visión de Dios tipo mercado de pulgas. Si tú y yo pensamos que él es lo suficientemente insignificante como para necesitar nuestra ayuda, pronto abandonaremos nuestra búsqueda de él. Si, por otro lado, vemos a Dios como realmente es: santo y sublime, trascendente y resplandeciente, entonces pasaremos toda la vida haciendo lo que haremos por la eternidad: explorar la belleza y las riquezas de nuestro Padre celestial.

He aquí la realidad: la mayoría de las personas que están enojadas con Dios están así porque él es Dios. No están airados porque no haya cumplido lo que prometió. Sino porque no les ha entregado lo que anhelaban, esperaban o exigían. Cuando el asombro por sí mismos reemplaza al asombro por Dios, este deja de ser su Señor y es reducido a su sirviente asalariado.[4]

Dios no existe por ni para nosotros. ¡Nosotros existimos por y para Dios! Dios no existe para darle mucha importancia a Max. Max existe para reconocer la importancia de Dios.

Al reflexionar en eso, ¿podemos apreciar la locura de creer que tenemos algo que ofrecerle a Dios de lo que él carezca?

¿Acaso podemos aplaudir la pasmosa y sorprendente paciencia de Dios? Jacob pensó que su lealtad era tan valiosa que Dios cumpliría con sus términos para recibirla. Yo pensé que mi servicio como misionero era lo suficientemente estratégico como para cambiarlo por una sanidad sobrenatural.

Autoexaltación monstruosa.

Sin embargo, Dios respondió con gracia. Una gracia descrita por el salmista:

> Compasivo y clemente es el SEÑOR,
>> Lento para la ira y grande en
>> misericordia.
> No contenderá *con nosotros* para siempre,
>> Ni para siempre guardará *Su enojo.*
> No nos ha tratado según nuestros pecados,
>> Ni nos ha pagado conforme a nuestras
>> iniquidades.
> Porque como están de altos los cielos sobre
>> la tierra,

> Así es de grande Su misericordia para los
> que le temen.
> Como está de lejos el oriente del occidente,
> Así alejó de nosotros nuestras
> transgresiones.
> Como un padre se compadece de *sus* hijos,
> Así se compadece el SEÑOR de los que le
> temen.
> Porque Él sabe de qué estamos hechos,
> Se acuerda de que *solo* somos polvo.
> (Salmos 103:8-14)

Para ser claros, Dios escucha nuestras oraciones. A él no lo intimidan nuestras peticiones. Hice bien en orar por mi papá. Eres obediente cuando pides ayuda. Pero ten cuidado. La oración no es pedirle a Dios que haga lo que tú quieres; es confiar en que él hará lo mejor. Dios nos ama tanto que tomó forma humana y se hizo uno de nosotros. Tomó pies, manos y ojos. Incluso permitió que su creación lo matara. Él no rechaza nuestras peticiones. Pero no va a reducirse a un Dios recíproco.

Él es demasiado grande.

Nosotros, demasiado pequeños.

Por cierto, Dios sanó a mi papá, no en este planeta, sino en su presencia. Y estoy seguro de que mi padre sería el primero en decir que recibió la mejor respuesta posible a la oración de su hijo.

CAPÍTULO 5

EL TRAMPOSO ENGAÑADO

Génesis 29

HE TENIDO ALGUNAS DISCUSIONES CON LAS
básculas. Con las que pesan. Veo el número y refuto: «No, no puedes estar en lo correcto. Eres inexacta. Me estás sobre-pesando. ¡No soy tan pesado! Te equivocas».

La báscula, sin embargo, nunca responde. Permanece muda. No se defiende. No sirve de nada discutir con ellas sobre tu peso.

No sirve de nada discutir con el espejo sobre tu apa-riencia. Aun así, yo lo hacía. Denalyn comentó sobre mi calvicie. No sabía que la padecía. Aparentemente se estaba extendiendo en mi cuero cabelludo años antes de que yo lo notara. Gracias a mi querida y observadora esposa, ya no ignoro este problema. Corrí al baño y sostuve un espejo de mano para poder ver la parte posterior de mi cabeza. Allí estaba. Asentada como una kipá, extendiéndose como una ameba. ¿Has visto a los monjes que se afeitan un círculo del tamaño de un platillo en la cabeza?

Pues yo ya calificaba para eso.

Le expresé mi disgusto a los espejos. «Deben estar equivocados». No obtenía ninguna respuesta. Ellos, como las básculas de baño, son inmunes a las objeciones.

Así es el radar de la policía. «Eso no puede ser cierto, oficial. No estaba acelerando».

«El radar dice lo contrario».

Nada que discutir. Caso cerrado. No se permite objeción.

Es difícil negar la verdad cuando te mira directamente a la cara.

En el caso de Jacob, Dios le hizo enfrentar los hechos en la lejana tierra de Harán. Verás que su estancia de veinte años allá es una de las historias más curiosas, entretenidas y fascinantes de la Biblia. ¿Puede un hombre casarse con una mujer mientras cree que se casa con otra? ¿Alguna vez un estafador sería estafado por otro estafador? Génesis 29 ofrece respuestas.

Antes de seguir a Jacob a Harán, ten en cuenta que él participó en la mayor promesa del cielo: el advenimiento de Jesús a la tierra. Dos generaciones antes, Dios le había hablado a Abraham, el abuelo de Jacob, y le había prometido, en pocas palabras: «Voy a hacer algo con respecto a la miseria, la muerte y el quebrantamiento del mundo. Y lo voy a hacer a través de ti y de tu descendencia».

Uno de esos descendientes fue Jacob. Desde lo alto de la escalera de Jacob, Dios prometió: «En tu simiente serán bendecidas todas las familias de la tierra» (Génesis 28:14). Sin embargo, los antecedentes penales de Jacob incluían palabras como *tramposo, engañador, estafador, farsante* y *mentiroso*. Su vida espiritual tuvo más altibajos que las Montañas Rocosas. Pero Dios lo mantuvo en el equipo. Dios usa al hombre a pesar del hombre. Suena extraño, lo sé. Jacob parecía estar más a gusto en un casino de juego que en el santuario de una iglesia. Era un desastre, este tipo.

¿Acaso, no somos todos así? Como él, nuestro caminar espiritual sigue un camino torcido. Perdemos la cordura y nuestros malos hábitos echan a perder nuestras buenas intenciones. Y nos preguntamos: ¿acaso tiene Dios un lugar para nosotros?

La respuesta a través de Jacob es «sí». Nuestros fracasos son grandes, pero la gracia de Dios es mayor. Utiliza gente defectuosa. Él no nos echa fuera, aun cuando lo merecemos. Sin embargo, nos permite cosechar lo que sembramos.

Las Escrituras ondean esta bandera de advertencia a menudo y con gran estilo.

«El impío es atrapado en la obra de sus propias manos». (Salmos 9:16)

«Pero el [hombre] cruel a sí mismo se hace daño». (Proverbios 11:17)

«La perversidad de los traidores los destruirá». (Proverbios 11:3)

«El impío caerá por su propia impiedad». (Proverbios 11:5)

«Como tú has hecho, te será hecho; tus acciones recaerán sobre tu cabeza». (Abdías 15)

«Las naciones se han hundido en el foso que hicieron; en la red que escondieron, su propio pie quedó prendido». (Salmos 9:15)

La lista de tales consejos sigue[1]. El hecho de que cosechamos lo que sembramos no es un asunto menor en las Escrituras. El mal tiene consecuencias.
También el bien.

«Perdonen, y serán perdonados». (Lucas 6:37)

«Por el fruto de su boca cada uno se saciará de bien, y las obras de las manos del hombre volverán a él». (Proverbios 12:14)

«El hombre misericordioso se hace bien a sí mismo, pero el cruel a sí mismo se hace daño». (Proverbios 11:17)

«El alma generosa será prosperada; y el que riega será también regado». (Proverbios 11:25)

Jesús resumió el principio de recuperación cuando dijo: «Porque con el juicio con que ustedes juzguen, serán juzgados; y con la medida con que midan, se les medirá» (Mateo 7:2) ¿Quieres que Dios derrame misericordia sobre ti con un balde? Entonces usa un balde para difundir misericordia entre los demás. ¿O prefieres una cucharita? Entonces… bueno, entiendes el punto, ¿verdad?

No estoy seguro de que Jacob lo haya entendido.

Para ayudarlo a aprender eso, Dios llevó a Jacob a la tierra de Labán, la región conocida como Harán.

Rebeca, su madre, preparó ese viaje. Su plan era sencillo: enviar a Jacob a un lugar seguro donde pudiera quedarse con su hermano Labán mientras la ira de Esaú se calmaba. Quién sabe, es probable que mientras estuviera allí pudiera encontrar una buena joven para casarse.

Jacob pensó que iba a Harán para encontrarse con su tío y casarse con una chica. Dios, sin embargo, lo envió a Harán para que usara la báscula. Era hora de mirarse en el espejo. Era tiempo de leer el radar. Era hora de que Jacob enfrentara los hechos sobre sí mismo. No tenía un punto ciego, sino varios. Viajó al oriente a través del río Jordán, al norte hacia Damasco, al este a Tadmor, luego un giro brusco hacia el norte sobre el río Éufrates y a través de la Fértil Media Luna hasta la actual Turquía.

Lo primero que vio Jacob en Harán fue un pozo de agua. Una piedra tapaba la boca para evitar la contaminación y los robos. Tres pastores se pararon cerca del pozo. Jacob preguntó si conocían a un hombre llamado Labán. Dijeron que sí.

> Todavía estaba él hablando con ellos, cuando llegó Raquel con las ovejas de su padre, pues ella era pastora. Cuando Jacob vio a Raquel, hija de Labán, hermano de su madre, y las ovejas de Labán, hermano de su madre, Jacob subió y quitó la piedra de la boca del pozo, y dio de beber al rebaño de Labán, hermano de su madre. Entonces Jacob besó a Raquel, y alzó su voz y lloró. (Génesis 29:9-11)

¡Fue un momento de película! Veo a Raquel con cabello oscuro recogido en la nuca por un hilo escarlata. Sus ojos color chocolate y forma de almendras. Su barbilla con una ligera hendidura. Su boca, una sonrisa tierna. Pastoreaba su rebaño con una rama de sauce.

Era un retrato de encanto, esa era Raquel.

> Ella camina con belleza, como la noche
> con clima despejado y cielos estrellados.
> Lo mejor de lo oscuro y lo brillante
> se encuentra en su aspecto y en sus ojos.[2]

Era una belleza. Y Jacob se enamoró perdidamente de ella.

Una vez que la vio, rasgó su túnica, revelando la S en su pecho. Con los ojos desorbitados y palpitantes, flexionó los pectorales, presionó el hombro contra la piedra y la empujó. La roca cedió. Jacob hizo lo que los tres hombres aún tenían que hacer. Luego hizo lo que nadie imaginó que haría. «Entonces Jacob besó a Raquel, y alzó su voz y lloró» (Génesis 29:11).

Los comentarios describen este beso como un gesto cultural respetado y esperado.[3] Un ligero beso en la mejilla. ¿En serio, solo eso?

Veo pasión. Veo a Jacob tomando el rostro de ella entre sus manos y besándola como si fuera el día de su boda. Luego lloró. ¿Por su belleza? ¿Por el final de su peregrinación? ¿Ante la idea de que él, que agarraba talones, se encontraría con una reina así? Tal vez todo lo anterior.

El nombre Raquel significa «oveja» (como cordero).[4] En el momento en que Jacob la vio, dijo: «Quiero una oveja». (Lo siento, no pude resistirme). Raquel corrió y fue a buscar a su padre, Labán.

Prepárate para enfrentarte a este tipo. Era un individuo astuto. Parecido en parte a Bernie Madoff, a Phineas Taylor Barnum, a Ponzi; experto en fraudes y promotor de circo. Él podría, de inmediato, ponerte un brazo alrededor de tus hombros y una mano en tu billetera. Llevaba su camisa de seda desabrochada hasta el ombligo, una cadena de oro alrededor del cuello y anillos de oro en cada dedo meñique. Su cabello estaba teñido con un tinte comprado en una tienda de comestibles y que no combinaba con sus patillas.

Le dio un apretón a Jacob.

«¡Ah, el hijo de Rebeca! Vendrás a mi tienda. ¡Vivirás en mi casa! No te faltará nada mientras estés aquí».

Jacob fue a trabajar para Labán y, después de un mes de cuidar sus rebaños, solicitó permiso para casarse con Raquel. El precio típico de la novia era de treinta a cuarenta *shekels* o siclos. Dado que el salario anual de un pastor era de diez siclos al año, lo más probable es que Jacob esperaba trabajar tres o cuatro años por la mano de Raquel.[5] Vaya, se iba a llevar una sorpresa.

Me imagino que la conversación fue algo así:

—¿Qué aceptarías a cambio de la mano de tu hija?
Labán puso una mano sobre su corazón.
—Nunca podría renunciar a mi preciosa Raquel.
—Trabajaré para ti.
—Nunca podría aceptar el trabajo del hijo de mi hermana.
—Cuidaré tus rebaños durante un año.
—Pero Raquel es mi hija preferida.
—Te serviré por tres años.
—Pero Raquel es muy bella.

Jacob, que había movido la piedra para impresionar a Raquel, estaba dispuesto a mover cielo y tierra para casarse con ella. «Cuatro años».

Negociaron una y otra vez hasta que Jacob accedió a trabajar siete años (¡el doble de la dote esperada!) solo por alojamiento y comida.

Recuerda, este era Jacob, el nieto del hombre más rico de la tierra prometida. ¿Y trabajaría gratis? O Raquel era extraordinariamente hermosa o el codicioso Labán era demasiado persuasivo. Sospecho que eran ambas cosas.

Se utilizó parte del lenguaje más poético de la Biblia para describir el romance entre Jacob y Raquel. «Jacob, pues, sirvió siete años por Raquel, y le parecieron unos pocos días, por el amor que le tenía» (Génesis 29:20).

Suspiro.

Todo habría salido bien si Labán no hubiera sido un tramposo empedernido. Raquel tenía una hermana mayor llamada Lea, que todavía estaba soltera. Las Escrituras son un poco crípticas acerca de su apariencia: «Los ojos de Lea eran delicados, pero Raquel era de bella figura y de hermoso parecer» (Génesis 29:17). *Delicado* significa «suave». Los ojos de Lea carecían del fuego y del brillo de los de su hermana menor. Mientras que el nombre Raquel significaba «oveja», el de Lea significaba «vaca».[6]

«Oveja» y «vaca» en la misma familia.

¿Un reflejo de su apariencia? Parece ser el caso. «Aunque Lea no carece de rasgos llamativos, palidece en comparación con la belleza general de Raquel».[7] Lo que podemos decir con certeza es que Raquel se dirigía al altar de la boda y su hermana mayor, Lea, no. Labán, sin embargo, tenía otros planes. No sé cómo decir un «cambio engañoso inesperado» en hebreo, pero Labán logró el más grande de la Biblia.

Por fin llegó el día de la boda; se cumplieron siete años de trabajo. Labán invitó a todos sus conocidos. Los ladrilleros, los cabreros y los pastores. Los granjeros que cultivan granos y los comerciantes que montan camellos. «Labán reunió a todos los hombres del lugar e hizo un banquete» (Génesis 29:22). La palabra *banquete* significa «bebidas en abundancia».[8] El vino fluyó como el agua. Todos bebieron y bailaron. Hubo aplausos, música, chistes, palmadas en la espalda, tocaron tambores, comieron carne, bailaron y, justo cuando el grupo de bebedores pensaba que no podían beber más, hicieron exactamente eso.

Las mujeres prepararon la tienda nupcial. Cubrieron el suelo con alfombras, perfumaron el aire con incienso y colocaron lámparas, muy tenuemente encendidas, sobre la mesa.

A medida que se ponía el sol, el escenario estaba listo para el momento mágico. Las ramas que se elevaban se convirtieron en siluetas danzantes en el círculo de la luz de la luna. Las estrellas se asentaron como diamantes en el cielo nocturno aterciopelado. Labán fue a buscar a la novia con un pesado velo y la condujo a la tienda. La habían mantenido escondida todo el día. Cuando llegó el momento de que Jacob consumara su matrimonio, estaba tan borracho que apenas podía ver lo que estaba haciendo. Al menos esa es la mejor manera de explicar cómo cayó en las artimañas de Labán.

A la mañana siguiente, con su cerebro más despejado y el vino fuera de su sistema, dio la vuelta en la cama, esperando ver a su encantadora Raquel y, ¡Dios mío, qué sorpresa! «Cuando fue de mañana, sucedió que era Lea. Y *Jacob* dijo a Labán: "¿Qué es esto que me has hecho? ¿No fue por Raquel que te serví? ¿Por qué, pues, me has engañado?"» (Génesis 29:25).

¿Recuerdas el refrán que dice: «un poco de tu propia medicina»? Jacob recibió una cucharada.

1. Jacob, que engañó a su padre Isaac, casi ciego, en una tienda, fue engañado en una tienda cuando estaba ciego por el vino, cegado por la noche, por la lujuria y ciegamente enamorado.

2. Jacob, que con el más calculador sigilo robó lo que no podía ser devuelto, fue engañado con un matrimonio que no podía deshacer.

3. Jacob, que se enfadó y se resistió a la tradición de que el primogénito fuera primero, fue víctima de la explicación de Labán de que era incorrecto «dar a la menor antes que a la mayor» (Génesis 29:26).

4. Jacob, que se quejó con Labán: «¿Por qué, pues, me has engañado?» (Génesis 29:25), usó la misma palabra que Esaú: «Ya van dos veces que [Jacob] me engaña: primero me quita mis derechos de primogénito, y ahora se lleva mi bendición» (Génesis 27:36 NVI).[9]

Confiado en que Jacob estaría de acuerdo, Labán se ofreció a dejar que Jacob también se casara con Raquel. ¿La condición? Siete años más de trabajo. El versículo 28 es tan conciso como debió haber sido la expresión de Jacob. «Así lo hizo Jacob». Terminó la boda de siete días con Lea y se casó con Raquel. Algo me dice que la segunda fiesta fue un poco más apagada.

El capítulo concluye con Jacob teniendo esposas hermanas, una deseada, la otra no, siete años más de trabajo por cumplir, y mucho tiempo para reflexionar sobre una verdad fundamental y recurrente de las Escrituras: «No se dejen engañar, de Dios nadie se burla; pues todo lo que el hombre siembra, eso también segará» (Gálatas 6:7).

Jacob plantó semillas de engaño. Cosechó el fruto del engaño. Engañó a Esaú. Engañó a Isaac. Fue engañado por Labán. Jacob fue «jacobeado».

Ojalá pudiera decir que aprendió la lección. Qué delicia sería escribir un párrafo como el siguiente: «Jacob tuvo un momento de reflexión que cambió su vida y la mejoró. Se dio cuenta de que había pasado sus años repartiendo cartas desde el fondo de la baraja e hizo un cambio de vida. A partir de entonces trató a cada persona con respeto y honró a Dios con reverencia. Harán tuvo el impacto deseado en Jacob».

Pero, ¡ah!, ese párrafo solo sería ficción. Jacob permaneció rígido e insensible. Un aprendiz lerdo, este patriarca.

Dios le envió múltiples mensajes. Algunos llegaron en forma de bendiciones: una llegada segura a Harán. Un rostro impresionante llamado Raquel. La capacidad de hacer el trabajo de tres hombres y mover la roca del pozo. Siete años de servicio que se sintieron más como deleite que como deber. ¿No podría haber interpretado Jacob esos regalos como indicaciones de que Dios estaba con él?

Otras señales llegaron en forma de cargas: su encuentro con la sabandija Labán. El intercambio de la noche de bodas. Siete años más de duro trabajo. En cualquier momento, Jacob podría haber, —debería haber— mirado hacia arriba. «¿Estás tratando de decirme algo, Dios?». Dios le dio muchas oportunidades para aprender la lección y cambiar sus maneras. Pero nunca lo hizo. Increíble.

Y aún más increíble, Dios nunca se dio por vencido con él. Él nunca se alejó. Nunca aflojó las manos ni renunció.

Gracia. Gracia. Gracia.

¿Y tú?

¿Te encuentras lejos de casa, lejos de la esperanza y lejos de la vida que esperabas encontrar? ¿Estás trabajando fuerte para obtener un título avanzado en la «Universidad de las Experiencias Negativas» y la graduación parece estar lejos? Si eso te describe, antes de culpar a Labán o fruncirle el ceño a Lea, obsérvate detenidamente en el espejo. Que la historia de Jacob sea una advertencia: cosechamos lo que sembramos.

Encontramos una parábola de este principio en un paisaje británico. Los jardines de Inglaterra son famosos por su belleza. Pero solo uno tiene la peculiar distinción de ser diseñado para matar. Alnwick Garden —en Northumberland— cuenta con el paisaje típico de prímulas, flores fastuosas, hiedra exuberante y fuentes en cascada. Sin embargo, si te internas en lo más profundo de su corazón, te encontrarás —más allá de unas puertas de hierro negro— con el Jardín Venenoso. Lleno de aproximadamente cien de las plantas más mortíferas del mundo, ese inquietante terreno requiere reglas estrictas para los visitantes, que incluyen no oler, tocar ni probar. Cada año, los turistas incrédulos ignoran la advertencia y muchos se desmayan por las fragancias mortales. Lo que más sorprende es notar que muchas de las plantas letales que ellos encuentran allí existen naturalmente junto a muchas de las que les encantan. Tanto la muerte como la belleza se mecen con el viento mientras caminas por el parque... y todo comienza con solo una pequeña semilla.[10]

¿Qué semillas estás sembrando hoy? Así como las semillas del engaño dan como resultado una cosecha de mentira, las semillas de la verdad dan paso a un abundante granero de vida. Las consecuencias tienen interés compuesto.

Determinas la calidad del mañana por las semillas que siembres hoy.

La historia de Jacob no tenía que pasar por Harán. No se ordenó el matrimonio con la hermana equivocada. Catorce años de trabajos forzados no eran un requisito para ser patriarca. Podría haber completado el plan de Dios y llevado una vida mucho más pacífica.

Pero cuando «siembran viento... recogerán tempestades» (Oseas 8:7).

O como dijo el sabio: «El hombre misericordioso se hace bien a sí mismo, pero el cruel a sí mismo se hace daño. El impío gana salario engañoso, pero el que siembra justicia *recibe* verdadera recompensa» (Proverbios 11:17-18).

¿Aprendió Jacob su lección? Tendrás que seguir leyendo sobre su vida para encontrar una respuesta definitiva.

Hay un detalle redentor en este atraco en plena luna de miel que debe mencionarse. ¿Recuerdas a Lea? ¿La hermana mayor? ¿La hermana no deseada? ¿La chica de los ojos delicados y el nombre menos afortunado?

Ella dio a luz a un hijo llamado Judá. Entre sus descendientes había un pastorcillo de Belén llamado David y un carpintero de Nazaret llamado Jesús. Sí, Lea, no elegida por Jacob, fue escogida por Dios para ser madre en el linaje del Rey de reyes.

Ah, cómo continúan los retratos de la gracia.

CAPÍTULO 6

LA GUERRA POR EL CONTROL

Génesis 29:31-30:24

A LA JOVEN Y MADURA EDAD DE OCHENTA
y dos años, mi hermana mayor organizó una reunión familiar. No queriendo dejar a nadie fuera, emitió un aviso —como los de la policía y los más buscados—, a los Lucado en todo el mundo. Todos fueron invitados a pasar un fin de semana bajo su techo en Fort Smith, Arkansas.

Cuando Denalyn y yo llegamos, el lugar estaba repleto de amigos, parientes, hijos y primos. Suegros, familiares políticos y otros. Éramos unos cincuenta o sesenta, suficientes como para requerir el uso de etiquetas con los nombres. Observé algunas caras que nunca había visto antes y bastantes que no había visto en mucho tiempo. Había una pareja desdentada y en pañales, pero eso es lo que te hará la vejez.

Mi hermana realizó la tediosa tarea de diseñar un árbol genealógico y lo colgó en una repisa de la chimenea. Se extendía unos dos metros de ancho y abarcaba una docena de décadas y cuatro generaciones. Comenzó con el nacimiento del papá de mi papá y continuó hasta el nacimiento más reciente del hijo de mi sobrino.

Llenó todos los rincones posibles de su sala con fotos de bebés, novias, soldados, granjeros y peluqueros, todos unidos por su conexión con el clan Lucado.

Mis hermanas y un primo organizaron una corte suprema, para responder docenas de preguntas de los adolescentes y los recién llegados.

«¿Quieres decir que él peleó en la Segunda Guerra Mundial?».

«¿Que estuvo en la cárcel?».

«¿Por qué no tuvieron hijos?».

«¿Por qué tuvieron tantos hijos?».

Nuestro árbol genealógico tiene puntos débiles y puntos brillantes. El alcohol y el colesterol han pasado su factura. La educación y los mejores hábitos de salud han dado sus frutos.

En los últimos minutos antes de las despedidas finales, nos amontonamos en la sala de estar para echar un vistazo postrimero a la genealogía y plantear una última pregunta. «¿Ha aprendido —alguien— algo este fin de semana?». Después de unos momentos, habló un bisnieto. Recién salido de la universidad, habiendo escuchado todas las historias, dijo: «Aprendí algo. Ahora sé por qué soy como soy».

Nunca escapamos a nuestro ADN. Podemos intentarlo, pero no lo logramos nunca. Aun cuando cada vida es un nuevo capítulo, sigue siendo un capítulo dentro de un volumen más grande. Tu biografía comenzó antes que tú. Tu familia cuenta.

A Jacob le pasó eso. Es famoso a causa de su familia. No por sus talentos, tesoros ni enseñanzas. Si inventó un dispositivo, compuso una canción o escribió un libro, nunca lo hemos visto, ni cantado ni leído. Pero sembró un árbol genealógico cuyas ramas se extienden hasta la eternidad. Los que conocen poco de la Biblia han oído hablar de las doce tribus de Israel. Los que conocen mucho de la Biblia saben que los nombres de las tribus estarán inscritos en las puertas de la nueva Jerusalén (Apocalipsis 21:12).

Sin embargo, incluso aquellos que saben mucho de la Biblia tienen numerosas preguntas sobre la familia de Jacob, pero la que encabeza la lista es esta: *¿Quieres decirme que la genealogía de Jesucristo incluye a esa gente?*

Ya conocemos la montaña rusa llamada «la vida de Jacob».

Jacob fue el segundo nacido de Isaac, nacido segundo por un segundo después de Esaú. Salió de su mamá tratando de adelantarse a su hermano. La rivalidad entre ambos y el favoritismo de los padres resultaron en un tóxico estofado de engaño y amenazas de muerte, y ni siquiera consideremos los matrimonios de Jacob. Lea y Raquel, las dos esposas hermanas, cada una tenía una sirvienta que hacía más que lavarles la ropa. Jacob se encontró en medio de cuatro mujeres que estaban dando a luz a sus hijos y complicando su ya turbulenta y problemática vida. Su familia, famosa por el escándalo.

> Cuando el SEÑOR vio que Lea no era amada, le concedió hijos. Mientras tanto, Raquel permaneció estéril. Lea quedó embarazada y dio a luz un hijo, al que llamó Rubén, porque dijo: «El SEÑOR ha visto mi aflicción; ahora sí me amará mi esposo». Lea volvió a quedar embarazada y dio a luz otro hijo, al que llamó Simeón, porque dijo: «Llegó a oídos del SEÑOR que no soy amada, y por eso me dio también este hijo».
>
> Luego quedó embarazada de nuevo y dio a luz un tercer hijo, al que llamó Leví, porque dijo: «Ahora sí me amará mi esposo, porque le he dado tres hijos».
>
> Lea volvió a quedar embarazada, y dio a luz un cuarto hijo, al que llamó Judá porque dijo: «Esta vez alabaré al SEÑOR». Después de esto, dejó de dar a luz. (Génesis 29:31-35 NVI)

La asignación de los nombres de los hijos de Lea documentó el dolor y el odio entre las esposas hermanas. El nombre del primer hijo, Rubén («Mira, un hijo»), era una señal de que Dios había visto la aflicción de Lea. Simeón («Jehová escuchó»), el nombre del segundo hijo, declaraba que Dios había escuchado a Lea, una punzada sutilmente velada de Lea en cuanto a que Dios no había escuchado a

Raquel. El nombre Leví significa «conectar», lamentando la falta de conexión de Lea con Jacob, y Judá significaba «Alabado sea Dios».

La familia estaba preñada de tensión por los embarazos y la falta de ellos.

Lea tenía hijos de Jacob, pero no tenía amor.

Raquel tenía el amor de Jacob, pero no tenía hijos.

Raquel, al ver a su hermana dar a luz cuatro hijos, estaba tan consumida por la envidia que irrumpió en la tienda de Jacob, exigiendo: «Dame hijos, o si no, me muero» (Génesis 30:1). Jacob murmuró algo como que no tenía paga para esa clase de solicitud. Raquel tomó el asunto en sus propias manos e insistió: «Aquí está mi sierva Bilha; llégate a ella para que dé a luz sobre mis rodillas, para que por medio de ella yo también tenga hijos» (Génesis 30:3).

Bilha tuvo un bebé y lo llamó (supongo que con el aporte de Raquel) Dan, que significa «reivindicación». O, en la jerga tejana: «Lero, lero». Bilha quedó embarazada por segunda vez, y Raquel dijo: «Con grandes luchas he luchado con mi hermana, y ciertamente "he prevalecido". Y le puso por nombre Neftalí [Pelea]» (Génesis 30:7-8).

Lea ya no podía concebir, así que insistió en que su sierva Zilpa interviniera. «Esta le dio a Jacob un hijo. Entonces Lea exclamó: "¡Qué suerte!". Por eso lo llamó Gad [Afortunado]. Zilpa, la criada de Lea, le dio un segundo hijo a Jacob. Lea volvió a exclamar: "¡Qué feliz soy! Las mujeres me dirán que soy feliz". Por eso lo llamó Aser [Feliz]» (Génesis 30:10-13 NVI).

Algo me dice que Raquel no felicitó a Lea por su felicidad.

El tono y la agitación de la mesa de comedor de Jacob debieron haber sido una locura. Raquel y Lea se despreciaban. Era una batalla de voluntades y de úteros. Las dos doncellas eran rivales. Los niños nacían todos los días, al parecer. Estaban en todo: parlotear, llorar, gatear. Nadie podía hablar por el ruido que hacían. No es que nadie quisiera hablar. Todos estaban en desacuerdo con todos. Los vástagos, en su caso, eran el terror de los parientes.

Justo cuando pensamos que el nido de avispas de la discordia doméstica no podía volverse más extraño, pasó exactamente eso. Rubén, el hijo mayor, encontró algunas mandrágoras[1] en el campo de trigo. En tiempos bíblicos, se creía que las mandrágoras eran afrodisíacas y tenían poderes para producir fertilidad. Rubén se las dio a su madre, Lea. Raquel se enteró de las mandrágoras y se las pidió a Lea. «Pero ella le respondió: "¿Te parece poco haberme quitado el marido?"» (Génesis 30:15).

En esos momentos, Jacob estaba a tiempo completo con Raquel. Lea estaba durmiendo sola. Entonces, desesperada, Raquel hizo un trato con su hermana. «"Que él [Jacob] duerma, pues, contigo esta noche a cambio de las mandrágoras de tu hijo", le dijo Raquel» (Génesis 30:15).

De alguna manera me perdí esta historia en la escuela dominical. En esencia, este es un caso de proxenetismo de Raquel con su marido y su hermana. A un nivel más profundo, es un caso de dos mujeres que anhelan algo que aún no han encontrado. Ambas son estériles: una de afecto, la otra de hijos.

¿Y Jacob? Corrígeme si no estás de acuerdo, pero parece muy despistado. Un poco de liderazgo no le habría caído mal.

Si solo hubiera asumido una postura en contra de Labán o se hubiera encargado de la causa de Lea o negociado una tregua entre las hermanas o cuando le entregaron una sierva, decir: «¡Basta! ¡Cruzaron el límite! ¡Ya es suficiente!».

Sin embargo, el tipo nunca hizo nada. Era muy indiferente. Con los ojos vidriosos como los de una trucha, es posible que se sintiera atrapado en medio de todo. Era un exiliado de su natal Beerseba. Un sirviente contratado de su tío. Atrapado en el fuego cruzado de dos esposas y dos sustitutas. Doce niños en siete años. Chicos y caos por doquier.

Parece algo surrealista, ¿verdad?

¿Es posible que te luzca familiar?

Mientras escribía este capítulo, recibí una llamada de un amigo que me preguntó: «¿En qué estás trabajando?». Respondí: «Estoy leyendo sobre la loca familia de Jacob». Sin perder el ritmo, dijo: «No podría ser más loca que la mía». Lo entiendo. El problema de usar la frase «familia disfuncional» es que implica la existencia de una familia funcional.

¿Cuántas personas encuentran la historia de Jacob no solo sorprendente sino extrañamente tranquilizadora? Con el tiempo, Jacob se convertiría en la personificación del pueblo de Israel. Lo hizo, no por su naturaleza, sino a pesar de ella. Las Escrituras no intentan encubrir su escándalo, obviar los defectos ni ocultar lo humano. Por mi parte, encuentro esperanza en la capacidad de Dios para usar una familia con disputas y fricciones.

Me acuerdo de una radiografía enmarcada que guardo en mi armario. Mientras reviso mis calcetines y selecciono mi camisa, me saluda. Extraño, lo sé. Otras personas cuelgan calendarios y citas favoritas. Pero yo tengo una radiografía enmarcada. Este es el porqué.

La imagen es una vista axial de una cadera diezmada. Un accidente automovilístico adverso la dejó rota en dos puntos. Incluso un ojo inexperto como el mío puede detectar un espacio inferior a un cuarto de centímetro entre los huesos. La rotura fue solo una de varias que sufrió la víctima. Los médicos que estudiaron la radiografía temieron por su vida. Más aún, temían por la vida de su hijo. Un bebé nonato de siete meses ocupa el centro del escenario de la radiografía. Flota en medio de la fractura, felizmente inconsciente de la rotura a su alrededor.

El doctor Michael Wirth, que me dio esa imagen, recuerda la noche que la vio en la sala de emergencias. «Nos preguntamos: "¿Pueden sobrevivir la madre y la criatura? Si no es así, ¿tomamos a la madre y perdemos a la criatura? ¿Perder a la madre y salvar al hijo?"».

Nunca tuvieron que tomar una decisión. La madre sobrevivió, el bebé nació y Michael guardó la radiografía como recordatorio de que: Dios da vida a través del quebrantamiento. Familias rotas, corazones, sueños, incluso personas rotas. Nos derrumbamos bajo presión. Como Esaú, cedemos a los antojos que nos corroen las entrañas. Como Jacob, conspiramos y controlamos. ¿Quién quiere usar una vasija rota? Dios. Su gracia nunca se rinde.

Cualquier persona podría leer sobre el clan de Jacob y preguntarse: «¿Dónde están los héroes? ¿A quién se supone que debo emular? ¿Quién es el personaje redentor en este lío polígamo?». La respuesta: ¡Dios! Donde tú y yo vemos una familia que pasa más tiempo estrangulándose entre sí más que amándose mutuamente, Dios ve una oportunidad para mostrar su fuerza: «Mira lo que puedo hacer».

Dios usó, y usa, a personas con defectos. Le prometió a Abraham que sus hijos serían como el polvo en la tierra y las estrellas en las galaxias. El personaje más grande que jamás haya existido surgiría de sus entrañas. La historia del cielo sería contada y distribuida a través de estas personas extrañas y curiosas. Dios les había hecho una promesa. Él nunca rompe sus promesas.

El caso en cuestión: la familia de Jacob.

Las familias disfuncionales pueden usarse, incluso arreglarse. La funcionalidad puede suceder. Las buenas intenciones de amar pueden volverse reales. Dios puede poner todo en modo sanador. Ninguna familia está más allá de la posibilidad de un milagro.

Raquel finalmente quedó embarazada. ¿Fueron las mandrágoras? No, fue Dios. «Entonces Dios se acordó de Raquel. Y Dios la escuchó y le concedió hijos. Ella concibió y dio a luz un hijo, y dijo: "Dios ha quitado mi afrenta". Y le puso por nombre José...» (Génesis 30:22-24).

A través de peleas, arrogancia, luchas, competencias y comparaciones, pociones de amor, estrategias sustitutas y lágrimas de los carentes de amor y de hijos, Dios tenía el control. Cumplió su palabra entonces.

Y todavía la cumple.

CAPÍTULO 7

LA VIDA CON UNA SABANDIJA

Génesis 30:25-31:55

HABLEMOS DEL LABÁN QUE TIENES CERCA.

Lo sé. Preferirías no hacerlo. Prefieres hablar de algo —o alguien— más agradable. Tu Labán es cualquier cosa menos eso, agradable.

Tu Labán es exigente. Tiene la sensibilidad de un perro rabioso.

Tu Labán es intrigante. Rompe promesas como un cocinero rompe huevos.

Tu Labán es engañoso. Siempre tiene una carta bajo la manga o los dedos cruzados detrás de su espalda.

Tu Labán es manipulador. Te halagará hasta que consiga lo que quiere y luego lo hará con otro.

A tu Labán le encanta que lo admiren. «Ya basta de hablar de mí. ¿Qué te pasa? Habla de mí».

Tu Labán es un parásito constante en tu organismo. Te gustaría pasar un día sin él, pero no puedes evadirlo. Tu Labán es tu suegro. Tu Labán es tu jefe. Tu Labán se sienta al lado tuyo o juega en el mismo equipo.

Un futuro sin Labán, por el momento, no es una opción. Tal vez te preguntes por qué Dios te puso un Labán cerca.

Jacob se hizo esa pregunta, al menos, una vez al día durante 5.110 días, la cantidad de días que había trabajado para aquel hombre. ¡Catorce años! No podía escapar de él. Se había casado con las hijas de Labán, por amor de Dios.

El acuerdo original fue por siete años, pero Labán hizo un truco la noche de bodas, intercambió a Raquel con su hermana mayor, Lea, y dejó a Jacob sin otra opción que trabajar siete años más.

En la Biblia, el número siete, a menudo, significa "completo". Simbolismo apropiado porque Jacob seguramente se sintió como un completo tonto trabajando por menos del salario mínimo para un hombre que comerciaba con sus hijas como un ganadero lo hace con sus rebaños en una feria de criadores de ganado.

Durante el segundo lapso de siete años, Jacob vio multiplicarse a su familia y sus problemas. Engendró once hijos y una hija: siete hijos de Lea, uno de Raquel, dos de la sierva de Raquel, Bilha, y dos de la sierva de Lea, Zilpa. Jacob había llegado al campamento de Labán sin nada, y después de catorce años llenos de estrés, sus dolores de cabeza habían aumentado, pero su cuenta bancaria no.

Diez veces en seis años, Labán alteró su método de calcular el salario de Jacob, dejándolo con las manos vacías (Génesis 31:41-42). ¿Es así como Dios recompensa a sus hijos? ¿Es así como Dios cumple sus promesas? ¿Qué pasó con la escalera que conducía al cielo? ¿Dónde están los ángeles que suben y bajan? ¿Por qué uno de ellos no puede arrancar a Labán y dejarlo en la vida de otra persona?

¿Dónde está Dios en medio de ese caos?

La respuesta llegó en forma de un sueño, muy extraño, pero los sueños a menudo lo son. Jacob se lo contó a Lea y a Raquel.

Y sucedió que por el tiempo cuando el rebaño estaba en celo, alcé los ojos y vi en sueños que los machos cabríos que cubrían las hembras *eran* rayados, moteados y abigarrados. Entonces el ángel de Dios me dijo en el sueño: «Jacob»; y yo respondí: «Aquí estoy». Y él dijo: «Levanta ahora los ojos y ve que todos los machos cabríos que están cubriendo las hembras son rayados, moteados y abigarrados, pues yo he visto todo lo que Labán te ha hecho. Yo soy el Dios *de* Betel, donde tú ungiste un pilar, donde me hiciste un voto. Levántate ahora, sal de esta tierra, y vuelve a la tierra donde naciste».
(Génesis 31:10-13)

Dejemos a un lado los comentarios curiosos sobre ovejas rayadas, moteadas y manchadas. Son importantes, por lo que volveremos a ellos en unos pocos párrafos. Pero importan menos que las grandes noticias que Dios compartió con Jacob: «He visto todo lo que Labán te ha hecho».

No me he alejado. No he olvidado tu situación. No he descartado tu necesidad. Yo... he... ¡visto!

Jacob tuvo dos opciones: confiar en Dios o ponerse ansioso. Podía creer en la presencia del cielo o prestar atención a la presencia de los problemas. Si supones que se centró en sus problemas, nadie te culparía. Jacob ha hecho poco hasta ahora para mostrar su fe.

Sin embargo, estamos a punto de ver un cambio en el hombre. Un cambio para mejor (aunque sea momentáneo). ¡Hemos esperado una década y media para decir esas palabras! Hemos visto al estafador estafar a su hermano y engañar a su padre. Hemos visto al fugitivo tropezar con el campamento de Labán. Hemos visto al amante borracho de amor y licor que se despierta con la esposa equivocada en una historia tan revuelta como una caja de un rompecabezas desparramado en el piso. Hemos visto al esposo pasivo sentarse en silencio mientras sus esposas se pelean y sus corazones se rompen. Lo hemos visto cosechar lo que sembró. Pero finalmente algo dentro de Jacob comienza a moverse. Le entrega su renuncia a su suegro.

Cuando Raquel hubo dado a luz a José, Jacob dijo a Labán: «Despídeme para que me vaya a mi lugar y a mi tierra. *Dame* mis mujeres y mis hijos por los cuales te he servido, y déjame ir. Porque tú *bien* sabes el servicio que te he prestado». Pero Labán le respondió: «Si ahora he hallado gracia ante tus ojos, *quédate conmigo*. Me he dado cuenta de que el SEÑOR me ha bendecido por causa tuya». Y añadió: «Fíjame tu salario, y te lo daré». (Génesis 30:25-28)

Labán no era un hombre de fe. No era un buscador de Dios. Sin embargo, se enriquecía más cada año. No podía entender por qué. Buscó una explicación a través de la «indagación divina». Revisó sus cartas del tarot y consultó lectores de palmas. Echó los dados y leyó hojas de té. Finalmente, se dio cuenta de que su casa prosperaba gracias a la presencia de Jacob. «El SEÑOR me ha bendecido por causa tuya» (Génesis 30:27).

La vida con un Labán puede dejarnos preguntándonos si estamos marcando una diferencia. La verdad es que no, ¡pero Dios sí! Dondequiera que vayamos, llevamos las bendiciones de Dios con nosotros, bendiciones que se derraman en la vida de los demás.[1] ¡Qué bueno es Dios! Quiere bendecir incluso a los Labán del mundo. Utiliza a los Jacob para hacerlo.

Jacob le dijo a su suegro: «Tú sabes cómo te he servido, y cómo le ha ido a tu ganado conmigo. Porque tenías poco antes de que yo viniera, y ha aumentado hasta ser multitud. El SEÑOR te ha bendecido en todo lo que he hecho. Y ahora, ¿cuándo proveeré yo también para mi propia casa?» (vv. 29-30).

En otras palabras, «Labán, hice que tu negocio —una tienda de la esquina— se convirtiera en una operación multimillonaria. Todo lo que toqué, el Señor lo bendijo. Bajo mi dirección tus ingresos se han multiplicado. Pero ahora es el momento de cuidar a mi familia».

Labán, tenso como las cuerdas de una raqueta de tenis, preguntó: «¿Qué te daré?».

«No me des nada», respondió Jacob. «Volveré a pastorear y a cuidar tu rebaño si *tan solo* haces esto por mí: déjame pasar por entre todo tu rebaño hoy, apartando de él toda oveja moteada o manchada y todos los corderos negros, y las manchadas o moteadas de entre las cabras, y *ese* será mi salario. Mi honradez responderá por mí el día de mañana, cuando vengas a ver acerca de mi salario. Todo lo que no sea moteado y manchado entre las cabras, y negro entre los corderos, *si es hallado conmigo*, se considerará robado». (Génesis 30:31-33)

¿Recuerdas el sueño? En él, Dios le dijo a Jacob que construyera un rebaño con animales rayados, moteados o manchados. Así que Jacob obedeció. Ofreció tomar como salario un puñado de ovejas y cabras manchadas. Labán no podía creer lo que escuchaba. No es de extrañar que Jacob estuviera arruinado. Un pastor no puede enriquecerse tomando solo unas pocas ovejas y cabras marcadas.

Labán pensó que Jacob era un tonto. Jacob, sin embargo, estaba actuando con fe.

Y Labán dijo: «Muy bien, sea conforme a tu palabra». Aquel *mismo* día apartó *Labán* los machos cabríos rayados o manchados y todas las cabras moteadas o manchadas, y todo lo que tenía algo de blanco, y de entre los corderos todos los negros, y lo puso *todo* al cuidado de sus hijos. Y puso *una distancia de* tres días

de camino entre sí y Jacob; y Jacob apacentaba el resto
de los rebaños de Labán. (Génesis 30:34-36)

Antes de que Jacob tuviera la oportunidad de escoger
los rebaños, Labán se deshizo de las ovejas moteadas y
manchadas. Junto con sus hijos y trabajadores, correteaba
arriba y abajo por las colinas sacando las oscuras y las
manchadas. Luego las envió en un viaje de tres días a un
pasto lejano. Jacob se quedó con una fracción de su salario prometido. Siempre como un tiburón, Labán volvió a
engañar a Jacob.

¿Podemos imaginarnos a Labán, engreído y con el pecho
hinchado de orgullo, hablando solo mientras se balanceaba
de un lado a otro en su camello y pensando: «¿Quizás tu
Dios te olvidó esta vez, Jacob?».

¿Podemos imaginarnos a Jacob casi a punto de arremeter
contra Labán? ¿No fue suficiente que el hombre lo engañara
en la boda? ¿No fue suficiente que obligara a Jacob a trabajar
gratis? ¿No fue suficiente aprovecharse de su propio yerno?
¡Labán tuvo que dejar a Jacob con prácticamente nada!

Jacob, sin embargo, no reaccionó con ira. Al contrario, se
dedicó a la tarea de forjar su rebaño. «Entonces Jacob tomó
varas verdes de álamo, de almendro y de plátano, y les sacó
tiras blancas de la corteza, descubriendo así lo blanco de
las varas. Y colocó las varas que había descortezado delante
de los rebaños, en los canales, en los abrevaderos, donde
los rebaños venían a beber; y se apareaban cuando venían
a beber. Así se apareaban los rebaños junto a las varas, y
los rebaños tenían crías rayadas, moteadas y manchadas»
(Génesis 30:37-39).

¿Qué está pasando aquí? ¿Era eso superstición? ¿Tradición? ¿O Jacob se adelantó a su tiempo? Algunos eruditos piensan que sí. «Se ha propuesto recientemente que… el hecho de que Jacob le quitara la corteza a las ramas pudo haber expuesto alguna sustancia nutritiva que había en el agua… cambiando así el color de los pelajes de las crías jóvenes al beberla».[2]

Durante los siguientes seis años, Jacob puso en práctica ese plan de crianza exclusivo. «Así prosperó el hombre [Jacob] en gran manera, y tuvo grandes rebaños, y siervas y siervos, y camellos y asnos» (Génesis 30:43).

¡Dios recompensó la fe de Jacob! Usó a Labán para enseñarle a Jacob a confiar en Dios. Jacob no quería a Labán. Quería abandonarlo. Sin embargo, era mejor gracias a Labán.

Labán era el bagre de Jacob. Busca la moraleja del «bagre y el bacalao» y encontrarás esta historia apócrifa, pero perspicaz.

Los pescadores luchaban por encontrar una manera de llevar el bacalao al mercado. Intentaron congelarlos, pero el pescado perdía su sabor. Intentaron transportarlos en un tanque de agua de mar. El bacalao estaría inactivo demasiado tiempo, por lo que llegaría suave y blando. Finalmente, a alguien se le ocurrió una solución. El bagre y el bacalao son enemigos naturales. Así que colocaron un bagre en el tanque. Este perseguía al bacalao durante toda la travesía, lo que resultó en la entrega de un bacalao más sabroso y saludable.

Que gran historia. Aun cuando no hay pruebas de que los pescadores usen bagres, hay amplia evidencia de que Dios lo hace.

En la historia de Jacob, Labán era el bagre.

¿Y tú? ¿Podría Dios estar diciéndote las mismas palabras que le dijo a Jacob? «Veo lo que está pasando. Sé de la manipulación. La injusticia. El desprecio por tus sentimientos o tu futuro. Veo. Te veo a ti. Y estoy usando esta experiencia para entrenarte».

Dios es propenso a hacer esto. Las Escrituras explican: «Este problema en el que te encuentras no es un castigo; es *entrenamiento*, la experiencia normal de los hijos... Dios está haciendo lo que *es* mejor para nosotros, entrenándonos para vivir de la manera más santa y mejor de él» (Hebreos 12:8, 10, traducción libre de la Biblia en inglés The Message).

¿Te están entrenando?

Tú, como Jacob, eres parte del sistema de entrega de esperanza de Dios. Eres un mensajero de su pacto. Sin embargo, como Jacob, tienes tu parte de debilidades y defectos.

Así que «Dios es quien *produce en ustedes* tanto el querer como el hacer para que se cumpla su buena voluntad» (Filipenses 2:13 NVI, énfasis mío). Él «os haga aptos en toda obra buena para que hagáis su voluntad, *haciendo él en vosotros* lo que es agradable delante de él» (Hebreos 13:21 RVR1960, énfasis mío).

Somos piedras ásperas; él es el lapidario. Somos la madera torcida. Él es el carpintero.

En vez de quejarte de las personas que te irritan, considera lo que son: la herramienta de entrenamiento divina. Te está enseñando a confiar en él. Él no ha prometido darte ovejas rayadas. Pero ha prometido...

• ungirte con óleo de alegría. (Salmos 45:7)

- suplir todas tus necesidades conforme a sus riquezas en gloria en Cristo Jesús. (Filipenses 4:19)
- bendecirte con medida buena, apretada, remecida y rebosante. (Lucas 6:38)
- otorgarte gracia suficiente. (2 Corintios 12:9)
- hacer que todas las cosas cooperen para bien. (Romanos 8:28)
- derrotar cualquier arma que se forje contra ti. (Isaías 54:17)
- proporcionar ríos en el desierto. (Isaías 43:19)
- hacer caminos donde no los hay. (Isaías 43:16)
- convertir la tristeza en alegría. (Salmos 30:11)
- sanar a los quebrantados de corazón. (Salmos 147:3)

En algún momento, alguien en cualquier lugar te hará hervir la sangre. Puede que no sea una verdadera sabandija como Labán, pero incluso los más cercanos a ti te insultarán de vez en cuando. La tentación es tomar represalias, usar la cabeza de una manera menos que racional. No te rindas. No pelees contra Labán en los términos de él. Respóndele con fe en Dios.

Eso fue lo que Jacob hizo. Al final de esos seis años, Jacob tenía suficientes riquezas y estaba harto de Labán. Así que cargó con lo suyo y se fue a Canaán.

Labán lo persiguió. Lo acusó de ladrón. Dos décadas de frustración salieron de Jacob como un obús dispara balas.

Durante los veinte años que estuve contigo, nunca abortaron tus ovejas ni tus cabras, ni jamás me comí un carnero de tus rebaños. Nunca te traje un animal despedazado por las fieras, ya que yo mismo me hacía cargo de esa pérdida. Además, lo que se robaban de día o de noche, tú me lo reclamabas. De día me consumía el calor, y de noche me moría de frío, y ni dormir podía. De los veinte años que estuve en tu casa, catorce te serví por tus dos hijas y seis por tu ganado, y muchas veces me cambiaste el salario. Si no hubiera estado conmigo el Dios de mi padre, el Dios de Abraham, y el Temor de Isaac, seguramente me habrías despedido con las manos vacías. Pero Dios vio mi aflicción y el trabajo de mis manos, y anoche me hizo justicia. (Génesis 31:38-42 NVI)

Jacob había cumplido sus catorce años. Absorbió las pérdidas. Soportó el mal tiempo y capeó los temporales. Labán no estuvo en desacuerdo. No podía estarlo. Jacob no solo sobrevivió a su temporada con Labán; la aprovechó. Había desarrollado una fe más profunda. Declaró para que todos lo oyeran: «Dios vio mi aflicción». Dios usó a Labán para moldear a Jacob.

¿Está Dios usando a tu Labán para moldearte?

Preferirías una vida sin Labán. ¿Quién no?

Pero la vida viene con Labán. Si esta temporada tiene uno persiguiéndote por el tanque, recuerda: Dios usa a personas peculiares para sacar lo mejor de su pueblo.

Prueba esto: *Habla con Dios acerca de tu Labán.* Pregúntale: «Señor, ¿qué lecciones me estás enseñando por medio de este bagre?».

Y esto: *Agradece a Dios por tu Labán.* «Cuando tengan que enfrentar cualquier tipo de problemas, considérenlo como un tiempo para alegrarse mucho porque ustedes saben que, siempre que se pone a prueba la fe, la constancia tiene una oportunidad para desarrollarse» (Santiago 1:2-3 NTV).

Los Labán de la vida pueden hacer que quieras arrancarte el pelo, pero también pueden hacer que te desesperes por Dios. Y eso es una bendición invaluable. Así que la próxima vez que la vida te dé un Labán… ¡ya sabes qué hacer!

Tu Labán no estará aquí para siempre. Pronto llegará el día en que tú, como Jacob, serás liberado. Hasta entonces, confía en el propósito y la promesa de Dios.

Serás mejor gracias a ello.

CAPÍTULO 8

CARA A CARA CONTIGO MISMO

Génesis 32:1-32

- Pensaste que tenías los medios para salvar tu carrera. Simplemente registra más horas, llama a más clientes, esfuérzate más. Ese enfoque funcionó por muchos años. Pero entonces las paredes se derrumbaron. La economía cayó en picada. La empresa se hundió y amenaza con llevarte con ella. De repente sientes que tu mundo se sale de control.

- Tu matrimonio siempre ha sido un desafío, pero ustedes dos se han mantenido unidos. Poco a poco, sin embargo, el puente se ha ido erosionando. Te estás quedando sin fuerzas, sin esperanza. Durante las últimas semanas apenas has hablado. Comparten la misma casa pero no el mismo corazón. Es una lucha, este matrimonio.

- Has mantenido tu adicción en secreto. Has dominado la habilidad de aparentar sobriedad. Ya sabes qué vodka beber y qué enjuague bucal usar. Te convenciste de que podías lidiar con eso. Pero no viste el semáforo. Ahora el automóvil es un desastre y tú también. Nunca has conocido el interior de una celda. Esta noche lo conocerás.

LA VIDA VIENE CON PUNTOS DE INFLEXIÓN, coyunturas en las que sabemos que nuestro mundo está a punto de cambiar. Acontecimientos que marcan la vida. Encrucijadas que demandan una decisión. ¿Ir por aquí? ¿O por ahí? Todo el mundo las tiene. Tú las tienes. Yo las tengo. Jacob las tuvo. La de Jacob vino con un nombre: Jaboc.

Para ese tiempo, Jacob se había despedido de Labán. Mesopotamia estaba en su retrovisor. Llegó como un fugitivo, solo con su bastón en la mano, huyendo de su gigante hermano. Se fue dos décadas después con cuatro mujeres, once hijos y una hija. Dirigía una tribu de sirvientes y unas manadas de ovejas, vacas, cabras y camellos.

No se nos dice si Jacob pensó en Esaú durante su exilio. Pero debe haberlo hecho. Jacob debe haber temido la ira que le esperaba a su regreso. Le había estafado la primogenitura a su hermano mayor y había convertido a Esaú en el hazme-rreír del clan. La última vez que Jacob escuchó el nombre de Esaú, fue expresado con pánico. Su madre le había advertido: «¡Sal antes de que tu hermano te mate!».

Esaú lo hubiera hecho.

A estas alturas, el hermano mayor era una especie de escudero. Su familia se contaba por cientos y los rebaños por miles. Jacob no podría sobrevivir en Canaán sin el favor de Esaú. ¿Estaría Esaú decidido a vengarse? ¿O dejaría que el pasado quedara en el pasado?

Esa era la preocupación que agobiaba a Jacob mientras se dirigía hacia el sur, a través de las colinas por el lado oriental del río Jordán, cerca de Jaboc.

Así que Dios le dio a Jacob cierta seguridad. Le reveló el ejército de ángeles que lo rodeaba. «Cuando Jacob siguió su camino, los ángeles de Dios le salieron al encuentro. Y al verlos, Jacob dijo: "Este es el campamento de Dios". Por eso le puso a aquel lugar el nombre de Mahanaim [Campamento]» (Génesis 32:1-2).

La palabra usada aquí para *campamento* aparece en otras partes de las Escrituras para describir cientos de miles de soldados (1 Crónicas 12:22). Cuando Jacob salió de Canaán, los ángeles lo encontraron (Génesis 28:12), y luego, cuando regresó, lo encontraron nuevamente. Fila tras fila, se movían en el cielo como olas iridiscentes de la aurora boreal. Tal vez fue su presencia lo que le dio a Jacob el valor para enviar a sus siervos ante su hermano.

Y les dijo: «Den este mensaje a mi señor Esaú: "Humildes saludos de tu siervo Jacob... He enviado a estos mensajeros por delante para informar a mi señor de mi llegada, con la esperanza de que me recibas con bondad"». (Génesis 32:4-5 NTV)

¿Observas el lenguaje de Jacob? «Mi señor Esaú...», «informar a mi señor...», «con la esperanza de que me recibas con bondad». Jacob, al menos en su lenguaje, acudió con humildad, suplicando misericordia. ¿Tuvo algún efecto su apelación? Lee el siguiente versículo a ver lo que piensas.

Los mensajeros regresaron a Jacob, diciendo: «Fuimos a su hermano Esaú, y él también viene a su encuentro, y 400 hombres con él». (Génesis 32:6)

¡Ah! Cuatrocientos miembros del clan tronaron en dirección a Jacob. Pero eso no es problema. Un ejército de ángeles se cernía sobre él. Jacob se recompuso, le dijo a su familia que no temieran y siguió adelante, ¿cierto? No exactamente.

Jacob tuvo mucho temor y se angustió. Dividió en dos campamentos a la gente que estaba con él, y las ovejas, las vacas y los camellos, y dijo: «Si Esaú viene a un campamento y lo ataca, el campamento que queda escapará». (Génesis 32:7-8)

¡Ah, cómo pudo vacilar Jacob! En un momento en comunión con los ángeles; en el siguiente, asustado por los soldados. Nuestro héroe tenía más valentía que un alfeñique debilucho.

Sin embargo, para no ser demasiado duros con Jacob, apresúrate al siguiente pasaje. Jacob, por primera vez que sepamos en veinte años, pronunció una oración. ¡Una oración maravillosa!

> «Oh Dios de mi padre Abraham y Dios de mi padre Isaac, oh SEÑOR, que me dijiste: "Vuelve a tu tierra y a tus familiares, y Yo te haré prosperar". Indigno soy de toda misericordia y de toda la fidelidad que has mostrado a Tu siervo. Porque con *solo* mi cayado crucé este Jordán, y ahora he llegado a tener dos campamentos. Líbrame, te ruego, de la mano de mi hermano, de la mano de Esaú, porque yo le tengo miedo, no sea que venga y me hiera a mí *y a* las madres con los hijos». (Génesis 32:9-11)

¿Quién es este Jacob? Ora como un hombre que depende de la bondad de Dios. ¿Ha aprendido la lección de Labán? Le recordó a Dios las promesas que este le había hecho. Reconoció que no era digno de la infalible gracia y fidelidad de Dios. Le dio crédito a Dios por su abundante riqueza. Y luego dijo, en muchas palabras: *Si no me ayudas, estoy frito.*

Jacob aceleró, desesperado por evitar un baño de sangre. Empezó a enviarle regalos a Esaú. Uno tras otro: rebaños de cabras, ovejas, corderos, camellos, toros, burros. Envió unos 550 animales en grupos de seis.

Jacob instruyó a los pastores para que le dijeran a Esaú que «su siervo Jacob también *viene* detrás de nosotros» (Génesis 32:20). La palabra hebrea usada aquí para «siervo» se empleaba para reconocer un estado de inferioridad;[1] como si Jacob estuviera diciendo: «Soy un idiota. Soy un tonto. Eres lo mejor de la familia». En poco tiempo se entregaron los regalos. Envió a todos al otro lado del río y se quedó atrás para pasar la noche solo.

En mi opinión, lo que sucedió a continuación merece un lugar en el gran salón de los momentos sagrados: Moisés en el monte Sinaí. Elías en el monte Carmelo. Jesús en el río Jordán y en el monte Calvario. Haz tu lista. Yo haré la mía, pero asegurémonos de que ambas listas incluyan a Jacob en Jaboc.

Jaboc. El mismo nombre del río tiene un impulso. *¡Un puñetazo directo! ¡Un gancho corto!* Jacob está a punto de ser golpeado y por casi toda la noche.

Jacob se quedó solo, y un hombre luchó con él hasta rayar el alba. Cuando vio que no podía prevalecer contra Jacob, lo tocó en la coyuntura del muslo, y se dislocó la coyuntura del muslo de Jacob mientras luchaba con él. Entonces *el hombre* dijo: «Suéltame porque raya el alba». «No te soltaré si no me bendices», le respondió Jacob. «¿Cómo te llamas?», le preguntó el hombre. «Jacob», le respondió él.

Y *el hombre* dijo: «Tu nombre ya no será Jacob, sino Israel [Dios-Luchador], porque has luchado con Dios y con los hombres, y has prevalecido». (Génesis 32:24-28)

Este pasaje es tan misterioso como el extraño al que describe. Aquí es donde me lleva mi imaginación.

Alguien agarró a Jacob por el cuello y lo tiró al suelo. Jacob brincó y saltó sobre él, clavando su hombro en el estómago del atacante hasta que los dos cayeron de bruces. El extraño lo empujó y se abalanzó sobre Jacob, presionando sus hombros contra la orilla embarrada de fango.

Atrás y adelante, los dos luchaban. El agua de Jaboc se agitó. El viento de la noche bramaba. Los dos gruñían, se daban codazos, se raspaban, se arañaban, se sentaban a horcajadas y luchaban. Restregando sus rostros.

Jacob encima.

Luego el extraño.

Jacob trató de huir. El atacante lo arrastró hacia atrás. Los cuerpos estaban resbaladizos por el barro. La piel mojada por el sudor. No decían palabras. Jadeaban como sementales. Saltaban como gacelas. Una escena caótica y muy movida. Volteando, resbalando, esquivando y luchando.

Jacob siempre había manejado sus problemas por su cuenta. ¿Acaso no sobrevivió a la caminata por el desierto? ¿Superó a Labán y sus trucos? ¿Amasó una fortuna y formó un clan? Él peleaba sus propias peleas. Era inteligente, perspicaz y escurridizo. Se había ganado la vida llegando a la cima. Lo haría de nuevo.

Pero el Hombre no retrocedió.

Pasaron las horas. Una y otra vez, durante la noche, lucharon. Al fin Jacob vio el primer resplandor del amanecer en una colina lejana. «Cuando ese hombre se dio cuenta de que no podía vencer a Jacob, lo tocó en la coyuntura de la cadera, y esta se le dislocó» (v. 25 NVI).

¿Quién era ese extraño? Jacob diría más tarde: «He visto a Dios cara a cara, y ha sido preservada mi vida» (Génesis 32:30).

¿Prevaleció realmente Jacob contra Dios? La respuesta es sí, hasta que Dios hizo su punto.

Dios permitió que Jacob peleara hasta que pareció que Jacob tenía el control. Entonces, con un solo toque, Dios le dislocó la cadera, dejando a Jacob cojo cuando regresó a su familia. Es como si Dios dijera: «Basta, Jacob». Lo tocó con una fuerza que Jacob nunca había sentido. Jacob cayó al suelo, quebrantado y humillado.

Veo un simbolismo en esta lesión. La cadera es la articulación de soporte de peso más grande del cuerpo y en ella intervienen algunos de los músculos más fuertes. Sin embargo, era una simple masa al tacto de aquel extraño. Además, ese daño en la cadera de Jacob era más que un deterioro de una articulación. La palabra utilizada en este texto puede referirse a órganos vitales.[2] El toque dejó la masculinidad de Jacob redefinida.

¿El mensaje de la dislocación? «No eres tan fuerte como crees. Confía en mí».

¿Conoces el barro de Jaboc?

Yo sí. En los apuntes de mi diario no uso el nombre del río. Pero esos apuntes hablan de ocasiones en las que he luchado con Dios.

Uno de los más dramáticos ocurrió hace unos veinte años; yo tenía unos cincuenta años. Para el observador casual, yo estaba en la cima del mundo. Nuestro nuevo santuario de la iglesia estaba a punto de estallar. Añadíamos nuevos miembros cada semana. La congregación tenía muy poca deuda y absolutamente ninguna duda de que su pastor estaba haciendo un gran trabajo.

Nuestra congregación apareció en la lista de atracciones populares de San Antonio. Las empresas de turismo transportaban a los turistas a nuestros servicios. La revista *Cristianity Today* envió a un reportero a escribir un perfil sobre mí. El redactor me llamó «El pastor de Estados Unidos». *Reader's*

Digest me designó como el «Mejor predicador de Estados Unidos».

Funcionábamos muy bien. Convertí los sermones en libros. Mi editor convirtió libros en actividades mediáticas. Escribí historias para niños y grabé videos infantiles. ¡Fue bárbaro!

Lo que nadie sabía era esto: yo era un desastre.

Nuestro personal tenía muchos problemas. Los departamentos se enfrentaban entre sí. Los correos electrónicos vulgares volaban como misivas. Los ministros competían por los dólares del presupuesto. Un par de empleados invaluables, cansados por la tensión, abandonaron en silencio. Y como yo era el pastor principal, me tocó a mí poner las cosas en orden.

Sin embargo, ¿quién tenía tiempo para disputas intramuros? Tenía lecciones que preparar. ¡El problema con los domingos es que aparecen cada semana! Además, dirigía un servicio de oración entre semana y enseñaba en una reunión matutina de hombres semanalmente. Las fechas de entrega me asediaban por todos lados. Necesitaba tiempo para pensar, orar, estudiar.

Además (o en consecuencia) no estaba saludable. Mi corazón estaba a ritmo de un mensaje en código morse: irregular e inconsistente. El cardiólogo me diagnosticó fibrilación auricular, me recetó medicamentos y me dijo que disminuyera la velocidad. Pero ¿cómo podría?

El personal me necesitaba.

El púlpito me requería.

El editor contaba conmigo.

El mundo entero me miraba.

Así que hice lo que me dictó mi naturaleza. Empecé a beber.

No en público. Yo era el tipo que ves en la tienda comprando una lata grande de cerveza, ocultándola en un saco y apretándola contra su muslo para que nadie lo vea cuando se apresura a salir del establecimiento. Mi tienda preferida estaba al otro lado de la ciudad, una donde nadie me viera. Me sentaba en el auto, sacaba la lata de la bolsa e ingería el líquido hasta que me aliviaba de las fuertes demandas cotidianas.

Así es como el «Pastor de Estados Unidos» estaba lidiando con su mundo enloquecido.

Resultó que mi Jaboc era un estacionamiento. El combate de lucha libre duró casi una hora en una tarde de primavera. Le dije a Dios que tenía todo bajo control. Los problemas de personal eran manejables. Las fechas de entrega eran manejables. El estrés era manejable. La bebida era manejable. Pero entonces llegó el momento de la verdad. Dios no tocó mi cadera, pero habló a mi corazón. *¿De verdad Max? Si tienes todo bajo control, si tienes un bloqueo en este tema, entonces ¿por qué te escondes en un estacionamiento, bebiendo una cerveza que has escondido en una bolsa de papel marrón?*

Jaboc. Es ese momento en el que Dios te pone cara a cara contigo mismo y lo que ves no te gusta.

Jaboc. Cuando usas toda tu fuerza, solo para descubrir que ella no te dará lo que necesitas.

Jaboc. Un solo toque en la cadera que hace que te arrodilles.

Jaboc. Un puñetazo directo. Un golpe corto.

Sin embargo, incluso en el momento, o especialmente en ese instante, Dios dispensa la gracia. Mira lo que pasó junto a Jacob.

> ¿Cómo te llamas?, le preguntó el hombre. «Jacob», le respondió él. (Génesis 32:27)

En la página de tu Biblia, apenas hay espacio entre la pregunta y la respuesta. En tiempo real, sin embargo, siento una pausa, una pausa larga y dolorosa. *¿Cómo te llamas?* Solo había una respuesta, y Jacob se atragantó al pronunciarla. *Mi... nombre... es... Jacob.* Esa fue una confesión. Jacob estaba admitiendo ante Dios que él era, en efecto, un *Jacob*: un canalla, un tramposo, un estafador, un operador inteligente, un fraude. «Eso es lo que soy. Soy un Jacob».

> Y *el hombre* dijo: «Tu nombre ya no será Jacob, sino Israel, porque has luchado con Dios y con los hombres, y has prevalecido». (v. 28)

Recibir un nombre nuevo en cualquier momento es importante, pero recibir *este* —en particular— tiene un significado especial.[3] *Israel* significa «Dios pelea» o «Dios se esfuerza». El nombre celebraba, y celebra, el poder y la lealtad de Dios.

El antiguo Jacob luchaba por sí mismo. El viejo Jacob confiaba en su ingenio, su engaño y sus pies rápidos. Jacob se cuidó a sí mismo. El nuevo Jacob tenía una nueva fuente de poder: Dios. Desde ese día, cada introducción sería un recordatorio de la presencia de Dios. «Hola, me llamo Dios pelea». Cada llamada a cenar una instrucción de bienvenida, «Dios pelea: es hora de comer». Su dirección de correo electrónico era diospelea@israel.com. Su tarjeta de presentación les recordaba a todos los que la leían el verdadero poder de Israel: «Dios pelea». Su antiguo nombre reflejaba su anterior yo. Su nuevo nombre reflejaba su nueva fuerza. «Dios pelea».

Qué clase de gracia.

Dios me la extendió. Abundantemente. Confesé mi hipocresía a los ancianos e hicieron lo que hacen los buenos pastores. Me cubrieron con oración y diseñaron un plan para ayudarme a sobrellevar las demandas. Admití mi lucha ante la congregación y al hacerlo activé una docena de conversaciones con miembros que luchaban contra la misma tentación.

Ya no vemos autobuses turísticos en nuestro estacionamiento, lo que me parece bien. Disfruto de una cerveza ocasional, pero por su sabor, no para lidiar con el estrés. Y si alguien menciona el apodo de «Pastor de Estados Unidos», le viene a la mente una imagen. La imagen de un predicador cansado y solitario en el estacionamiento de una tienda.

Dios me encontró allí ese día. También me dio un nombre nuevo. No Israel. Ese ya lo usaron. El mío fue «perdonado». Y me encanta usarlo.

CAPÍTULO 9

TIEMPO PASADO

Génesis 33

FRED SNODGRASS LLEVÓ UNA VIDA
extraordinaria. Durante sus más de ocho décadas, jugó béisbol profesional nueve años. Triunfó como ranchero y banquero. Se desempeñó como alcalde de Oxnard, California. Fue un hombre de familia ejemplar y un ciudadano modelo.

Sin embargo, cuando falleció en 1974, el titular del obituario no destacó sus logros. El *New York Times* se enfocó en su fracaso más famoso: «Fred Snodgrass, 86, el jugador de béisbol que dejó caer la pelota en 1912».[1]

Es cierto. Snodgrass dejó caer un elevado en el último juego de la Serie Mundial de 1912. Si lo hubiera atrapado en la décima entrada, los New York Giants habrían ganado el título. Pero Snodgrass apartó la vista de la pelota. Y esta cayó al suelo. Su error lo llevó a dos carreras del ganador, un juego perdido y un error que lo seguiría hasta la tumba.

Nosotros hemos hecho lo mismo. No en el campo de un estadio de béisbol, sino en... ¿Te importaría llenar el espacio en blanco?:

- el matrimonio
- un negocio
- tu juventud
- tu paternidad

No dejamos caer una pelota, pero defraudamos a nuestro cónyuge, bajamos la guardia, nuestra deuda se salió de control. Vivimos, no con el estigma de un juego perdido, sino con una familia dividida, un corazón roto o un hermano enojado.

Ese fue el caso de Jacob.

Él y Esaú eran mellizos, recordarás, separados en edad por el tiempo que le tomó a Jacob salir del útero. A este le molestó el segundo puesto y, cuando vio la oportunidad de revertir la situación, la aprovechó. Atrapó a Esaú con el estómago hambriento y de mal humor, y lo convenció de que cambiara su primogenitura por un plato de guiso. Jacob logró lo que quería, pero quemó puentes para conseguirlo.

La última vez que dejamos a Esaú, la tormenta rugía en él como la lava de Krakatoa. Murmuraba acerca de Jacob.

«Con razón se llama Jacob, pues me ha suplantado estas dos veces. Primero me quitó mi primogenitura y ahora me ha quitado mi bendición»... Esaú, pues, guardó rencor a Jacob a causa de la bendición con que su padre lo había bendecido; y Esaú se dijo: «Los días de luto por mi padre están cerca; entonces mataré a mi hermano Jacob». (Génesis 27:36, 41)

Jacob se enteró de la ira de Esaú y se fue a las tierras altas para esconderse mientras Esaú se calmaba. Ahora era el momento de enfrentarlo.

Dios le dijo: «Vuelve a la tierra de tus padres y a tus familiares, y Yo estaré contigo» (Génesis 31:3). Para volver a la tierra, Jacob tuvo que ir a la región donde vivía Esaú. No más esconderse. No más correr. Jacob podría haber estado feliz de eludir el encuentro, pero Dios no. Encontrarse con Esaú era una necesidad espiritual.

Para avanzar hacia su futuro, Jacob tuvo que enfrentarse cara a cara con su pasado.

Él no es el único héroe de la Biblia que tiene una historia sórdida en su biografía. Moisés tenía sangre en sus manos por haber asesinado a un egipcio (Éxodo 2:12). Abraham mintió acerca de su esposa, haciéndola pasar por una hermana para salvar su cuello (Génesis 12:12-13). Elías, el profeta, tuvo suficiente fe para hacer descender fuego un día y suficiente miedo para llevarlo a esconderse al día siguiente (1 Reyes 18-19). Ester adoptó una posición valiente, pero no antes de atreverse a asumirla. Le ocultó su identidad judía al rey (Ester 2:20).

¿Tienes algunas manchas en tu pasado? Pedro puede entenderlo. En la noche en que Cristo más lo necesitaba, el discípulo maldijo el propio nombre de Jesús (Mateo 26:69-75). Pablo tenía sus secretos guardados. ¿El apóstol cuyas palabras apreciamos, estudiamos y memorizamos? Él mismo confesó: «Perseguí a muerte a los seguidores de este Camino, arresté y encarcelé a hombres y mujeres por igual» (Hechos 22:4 NVI). Pablo trató activamente de «acabar con la iglesia» (Hechos 8:3 NTV). La palabra griega para «acabar» denota una crueldad brutal y sádica.[2] Su agresión no fue un simple error de juicio o una indiscreción juvenil.

Moisés tenía sangre en sus manos.
Abraham era un mentiroso descarado.
Elías era un cobarde.
Jacob era un mentiroso y un tramposo.
Ester mantuvo su fe en secreto.
Pedro fue un traidor.
Pablo era un asesino.

Sin embargo, Dios los usó a todos. Cada uno eligió confiar en Dios en cuanto a su futuro y, debido a ello, su pasado ya no los atrapó.

Dios no se desanima por nuestro(s) capítulo(s) feo(s). Con su ayuda pronto podremos decir lo que Pablo llegó a expresar: «Pero me concentro únicamente en esto: olvido el pasado y fijo la mirada en lo que tengo por delante, y así avanzo hasta llegar al final de la carrera para recibir el premio celestial al cual Dios nos llama por medio de Cristo Jesús» (Filipenses 3:13-14, NTV).

Pablo dejó su pasado en el pasado y fijó sus ojos en el futuro. ¿Quieres hacer lo mismo? Anota algunas cosas sobre la historia de Jacob.

En el gran día del encuentro con Esaú, el patriarca, agotado y golpeado por Dios, regresó cojeando a su campamento. «Esaú venía y 400 hombres con él» (Génesis 33:1). Podía ver a Esaú a la distancia, al otro lado del campo. El hermano mayor y musculoso caminó una docena de pasos delante de su milicia. Su barba todavía rojiza. Sus brazos todavía gruesos. Un arco y su aljaba colgados en su espalda. Era Jacob, el perro salchicha, contra Esaú, el dóberman.

Las siguientes acciones nos dejan preguntándonos si el que mandaba era el viejo Jacob o el nuevo Israel.

Envió a su familia primero. Dividió a sus hijos entre sus madres. Los colocó en una secuencia: primero, Bilha y Zilpa, las siervas. Luego Lea, la esposa que no quería. Finalmente, Raquel, la esposa que amaba, y su hijo, José. Todos entendieron el significado. Esa fue una decisión de Jacob.

Pero entonces, las señales del nuevo Israel. «Entonces Jacob se les adelantó, y se inclinó hasta el suelo siete veces hasta que llegó cerca de su hermano» (Génesis 33:3).

Jacob, en su locura, podría haber corrido a esconderse.

Israel, con la cojera, no tuvo más remedio que confiar. Se postró como un vasallo ante un rey en una corte antigua. Unos pasos… luego la nariz y la frente en el suelo. Unos pasos más y luego… de cara al suelo. Cinco veces más se inclinó en tierra. Obsequioso hasta el extremo. Y luego, de repente,

«Esaú corrió a su encuentro y lo abrazó, y echándose sobre su cuello lo besó, y ambos lloraron» (Génesis 33:4).

Cuando Esaú rechazó su primogenitura, el narrador describió el momento con cinco verbos percusivos: «comió... bebió... se levantó... se fue... despreció» (25:34). Ahora, en el momento de la reconciliación, dispara rápidamente cinco verbos de sentimiento opuesto: «corrió ... abrazó ... echándose... besó... lloraron».

Esaú lo apretó tanto que Israel casi perdió el aliento. Esaú lo soltó después del tiempo suficiente para mirar su rostro. Los ojos de los gemelos se encontraron por primera vez en veinte años.

Ambos pares se llenaron de lágrimas y lloraron.

Lloraron de alivio.

Lloraron de perdón.

Lloraron ante la posibilidad de un nuevo comienzo, un reinicio.

Esaú lloró porque su hermano estaba en casa.

Israel lloró porque se había enfrentado cara a cara con su pasado solo para descubrir que su pasado no tenía poder sobre su vida.

Dios se le había adelantado. Dios había cumplido la promesa que había hecho en Betel: «Yo estoy contigo. Te guardaré por dondequiera que vayas y te haré volver a esta tierra. No te dejaré hasta que haya hecho lo que te he prometido» (Génesis 28:15).

El viaje fue a instancias de Dios y con la provisión de Dios. Él envió ángeles para darle la bienvenida a Jacob a la tierra. Bendijo a Jacob con un nombre nuevo. Despojó a Jacob del poder humano, dejándolo con la confianza en Dios. Dios ablandó el corazón de Esaú. Este no es un relato sobre la audacia de Jacob. Es una historia sobre «la dedicación resuelta del Todopoderoso a amar a la humanidad y a implementar su plan a través de personas defectuosas».[3]

Dios guio a Jacob a su futuro ayudándolo a enfrentar su pasado.

¿No necesitamos que haga lo mismo por nosotros?

Podemos identificarnos con las palabras de Pablo. «Porque yo sé que en mí, es decir, en mi carne, no habita nada bueno. Porque el querer está presente en mí, pero el hacer el bien, no. Pues no hago el bien que deseo, sino el mal que no quiero, eso practico... ¡Miserable de mí! ¿Quién me libertará de este cuerpo de muerte?» (Romanos 7:18-19, 24).

El pasado de Pablo era arena movediza. Cuanto más luchaba, más se hundía. Justo cuando pensamos que estaba a punto de hundirse, anunció: «Gracias a Dios, por Jesucristo Señor nuestro... Por tanto, ahora no hay condenación para los que están en Cristo Jesús» (7:25; 8:1).

Pablo descubrió una zona libre de culpa. Por medio de Jesús, toda cadena y grillete cayeron al suelo. Pablo venció su pasado. No es poca cosa para un asesino, divisor de iglesias y autoproclamado hipócrita. Sin embargo, confió en Dios con su futuro y siguió adelante.

Haz tú lo mismo.

«Si confesamos nuestros pecados, Él es fiel y justo para perdonarnos los pecados y para limpiarnos de toda maldad» (1 Juan 1:9). Observa quién está activo en este pasaje: «Él es fiel y justo para perdonarnos... y para limpiarnos». El remedio para nuestro pecado no es nuestra obra sino la obra de Dios. Dile a Cristo lo que hiciste. Sé específico. No retengas nada. Ningún pecado es demasiado antiguo, malo o insignificante. No fuiste hecho para llevar ese peso. Solo Jesús puede quitártelo. Pídele que lo haga. Toma tu culpa en tu mano como si fuera una piedra y dásela.

«Jesús, ¿podrías, por favor, quitarme esto?».

Ya sabes cómo responderá. «Vengan a Mí, todos los que están cansados y cargados, y Yo los haré descansar» (Mateo 11:28).

Paul Hegstrom aceptó esta invitación. Su pasado fue vergonzoso. Una semana después de su boda, comenzó a golpear a su esposa. Los ataques de ira lo llevaban a la violencia casi semanalmente. Cuando llegaban los niños, les pegaba. Después de dieciséis años de matrimonio, su esposa se dio por vencida y se fue.

El divorcio no fue suficiente como llamada de atención. Su ira no controlada arruinó una relación tras otra. Una mujer amenazó con acusarlo por intento de asesinato. Eso fue suficiente para alertar a Hegstrom. Así que se dispuso a hallar la raíz de su ira. Buscó asesoramiento. Lo más importante, se encontró con Dios.

Poco a poco, Hegstrom comenzó a reconstruir las relaciones que había destruido. El proceso fue largo. Ganar la confianza de la gente le tomó tiempo. Finalmente, su exesposa se enamoró de él otra vez y se volvieron a casar.

Así como Jacob se convirtió en Israel, el viejo Paul Hegstrom se transformó en un hombre nuevo. Su vida tomó un nuevo rumbo. Comenzó un ministerio que ayuda a los hombres atrapados en el ciclo de la ira y el abuso.[4]

En caso de que no haya quedado claro, déjame exponer el mensaje del acontecimiento de Esaú: no puedes dejar atrás tu pasado sin la ayuda de Dios. Aparte de él, lo justificarás, lo negarás, lo evitarás o lo suprimirás. Pero con la ayuda de Dios puedes seguir adelante.

Es hora de hacerlo. Deja que Dios pronuncie la mayor de las bendiciones sobre ti: «De modo que si alguno está en Cristo, nueva criatura *es*; las cosas viejas pasaron, ahora han sido hechas nuevas» (2 Corintios 5:17).

Ya no eres Jacob. Eres Israel, y Dios pelea por ti.

Ya no te jactas de tu falsa fuerza; cojeas en el poder de Dios.

No necesitas temerle más a Esaú. Dios se te adelantó. Él ha preparado el camino y allanado la senda.

Tu Esaú, tu pasado, ahora es tu hermano. Abrázalo. Y llora de alegría.

CAPÍTULO 10

A LA SOMBRA DE SIQUEM

Génesis 34

NO HAY FORMA DE HACER QUE ESTE CAPÍtulo sea agradable. Ninguna cantidad de maquillaje cubrirá los moretones. Ninguna cantidad de pintura ocultará la podredumbre. Ninguna cantidad de perfume disimulará el hedor. ¿Es posible hacer un bolso de seda con la piel de la oreja de un cerdo? Nada factible.

Así que ten cuidado. Este suceso en la vida de Jacob es crudo. El incidente de Siquem involucró un depredador sexual, engaño generalizado, sacrilegio, derramamiento de sangre y genocidio. Difícilmente sea material de una lección de escuela dominical. Pero, ciertamente, es lo trágico de la vida.

Las Escrituras son explícitas en referencia al aspecto negativo de la naturaleza humana. En lo que a nosotros respecta, el corazón humano es una cosa perversa. Y debido a ello, la historia es testigo de acontecimientos terribles como la matanza en Siquem.

Esta es una historia inaudita. Difícil de entender. Insisto, no es fácil de leer, pero es complicado obviar la advertencia. *No te conformes con Siquem cuando la bendición está en Betel.*

El mandato que Dios le dio a Jacob en la tierra natal de Labán difícilmente podría haber sido más claro. «Yo soy el Dios que se te apareció en Betel, el lugar donde ungiste la columna de piedra y me hiciste el voto. Ahora prepárate, sal de este país y regresa a la tierra donde naciste» (Génesis 31:13 NTV).

El itinerario era singular: viajar a Betel. No había necesidad de hacer escala, ni instrucciones de detenerse antes de llegar al destino. La lista de tareas diarias de Jacob contenía un elemento: ir a Betel. Entonces, ¿cómo explicamos estos dos versículos?

> Jacob llegó sin novedad a la ciudad de Siquem, que está en la tierra de Canaán, cuando vino de Padán Aram, y acampó frente a la ciudad. Y la parcela de campo donde había plantado su tienda se la compró a los hijos de Hamor, padre de Siquem, por 100 monedas (100 siclos, 1,140 gramos de plata). (Génesis 33:18-19)

Siquem estaba a solo treinta y dos kilómetros de Betel.[1] Jacob había recorrido ochocientos kilómetros desde que huyó de Labán. Estaba al alcance de la vista de su objetivo. Pero se detuvo en seco.

¿Por qué plantó su tienda a la sombra de Siquem? Las excavaciones arqueológicas indican que Siquem, en ese punto de la historia, era «una ciudad fortificada imponente. [Sus] murallas encerraban una ciudad de unos seis acres y, por lo tanto, probablemente estaba ocupada por entre quinientas y mil personas».[2] La ciudad fue un antiguo centro comercial en la encrucijada de las rutas comerciales.

Es fácil imaginar a Jacob y su clan nómada, cansados del viaje, cubiertos de polvo, sedientos de algo que no fuera agua y deseosos de conversar con alguien que no fuera de su familia, decidiendo armar sus tiendas. Se detuvieron al este del Jordán en las tierras altas de Canaán. Se encontraron con algunos siquemitas. Hicieron algunos negocios. Algunos amigos. Compraron terrenos.

Jacob vivía para arrepentirse de cada decisión.

«Dina, la hija de Lea, a quien esta había dado a luz a Jacob, salió a visitar a las hijas de la tierra» (Génesis 34:1). Dina tenía alrededor de quince años de edad.[3] Era la séptima hija de Lea, la menor y la única hija de Jacob.

El resultado fue el peor posible: «Cuando la vio Siquem, hijo de Hamor heveo, príncipe de la tierra, se la llevó y se acostó con ella y la violó» (Génesis 34:2).

Siquem era el hijo del rey. Llevaba el mismo nombre de la ciudad. Era un sinvergüenza, un criminal. Su moral era más baja que el excremento del pez lenguado. Siquem mantuvo a Dina en su casa (v. 26). Se obsesionó con ella. No solo deshonró a la hija de Jacob; le dijo a su padre: «Consígueme a esta muchacha por mujer» (Génesis 34:4). Esas palabras solo podían ser dichas por un tonto chovinista.

La noticia de la violación llegó a oídos de Jacob. «Pero como sus hijos estaban con el ganado en el campo, Jacob guardó silencio hasta que ellos llegaran» (Génesis 34:5). ¿Jacob no dijo nada? Esperamos una erupción a nivel del monte Santa Elena. No una fría apatía. Ni una indiferente insensibilidad.

Los hermanos de Dina no eran muy pacíficos. Cuando escucharon lo que había sucedido, «estaban muy tristes e irritados en gran manera porque *Siquem* había cometido una terrible ofensa en Israel» (Génesis 34:7). Este es el primer uso en las Escrituras del nombre *Israel* para referirse a una comunidad de personas. Los hijos vieron, correctamente, la atrocidad como un acto contra el pueblo de Dios. La ira brilló en sus ojos e hizo fruncir sus labios.

«El alma de mi hijo Siquem anhela a la hija de ustedes. Les ruego que se la den por mujer. Enlácense con nosotros en matrimonios. Dennos sus hijas y tomen las nuestras para ustedes. Así morarán con nosotros, y la tierra estará a su disposición. Habiten y comercien y adquieran propiedades en ella». Dijo también Siquem al padre y a los hermanos de ella: «Si hallo gracia ante sus ojos, les daré lo que me digan». (8-11)

No hubo disculpa. Ninguna expresión de arrepentimiento. Ninguna declaración de pesar. Al contrario, Hamor apeló al interés propio de los hermanos. Dennos a Dina para

Siquem. Les daremos mujeres. Cásense con nuestra gente. Muchas fiestas y celebraciones. Una gran familia feliz.

¿Y Jacob? Silente como la muerte. En ningún momento defendió la honra de Dina. Aquí no vemos una ira justa. ¡Por el amor de Dios, defiende a tu hija! ¡Habla por tu familia! Sin embargo, no hizo nada. ¿Estaba realmente considerando el matrimonio mixto? ¡Siquem era una ciudad cananea! El tren de Jacob se descarriló. ¿Se atreverá a descartar ese acto de cruda misoginia?

Los hijos de Jacob no hicieron eso. Su hermana había sido violada sexualmente. No iban a quedarse sentados sin hacer nada. Simeón y Leví, hermanos de sangre de Dina, presentaron —lo que pronto se hizo evidente—, uno de los complots más oscuros y nauseabundos de la Biblia. Le dijeron a Siquem y a Hamor: «No podemos hacer tal cosa, dar nuestra hermana a un hombre no circuncidado» (Génesis 34:14).

El acto de la circuncisión era un hecho sagrado, exclusivo del pueblo elegido de Dios. Era un símbolo de fe. Sin embargo, Simeón y Leví no tenían un ritual en mente. Pensaban en la venganza.

Hamor y Siquem se acercaron a los hombres «que salían por la puerta de la ciudad» (v. 24), es decir, los hombres que iban a la guerra en nombre de Siquem.[4] Ellos (asombrosamente) convencieron a los soldados para que obedecieran. Destacaron la falta de agresividad de Jacob y omitieron por completo la violación de Dina por parte de Siquem. Prometieron ganancias económicas extraordinarias. «De esta manera su ganado, sus propiedades y todos sus animales serán nuestros» (Génesis 34:23 NVI). Lujuria. Violación.

Engaño. Codicia. ¿Hay algún momento redimible en esta historia?

Buena suerte si lo encuentras.

«Todos los varones de la ciudad fueron circuncidados» (Génesis 34:24 NTV).

Tres días después, cuando los siquemitas estaban adoloridos por la curación, Simeón y Leví se armaron con antorchas, cuchillos, espadas y garrotes. Los hijos de Jacob «tomaron cada uno su espada y entraron en la ciudad, que estaba desprevenida, y mataron a todo varón» (Génesis 34:25).

No se salvó ni una casa. Los soldados de Siquem fueron silenciados. Esposas e hijas lloraban. Los niños deambulaban por las calles. Los hijos de Jacob estaban cubiertos de sangre. Simeón, Leví y su pandilla saquearon la ciudad. Se llevaron cautivas a las mujeres. Secuestraron a los niños. Se robaron el ganado. Saquearon las tiendas de los mercaderes y las casas de los inocentes.

Qué acto más visceral y despreciable.

¿Y Jacob? ¿Interrumpió la trama? ¿Intentó detenerlos? ¿Reprendió a sus hijos? ¿Exigió que devolvieran los bienes robados? No. Hasta el final de este capítulo, Jacob era... bueno, Jacob. La misma maldad que hizo que él se aprovechara de Esaú, engañara a Isaac y descuidara a Lea, ese mismo olvido de Dios lo llevó una vez más a pensar solo en sí mismo.

Entonces Jacob les dijo a Simeón y Leví:

—Me han provocado un problema muy serio. De ahora en adelante los cananeos y ferezeos, habitantes de este lugar, me van a odiar. Si ellos se unen contra mí y me atacan, me matarán a mí y a toda mi familia, pues cuento con muy pocos hombres.

Pero ellos replicaron:

—¿Acaso podíamos dejar que él tratara a nuestra hermana como a una prostituta? (Génesis 34:30-31 NVI)

Jacob puso su propia seguridad antes que la de su hija. Al final, fue tan culpable como Siquem. En cuanto a Dina, nunca dijo una palabra. Ella no era más que un peón en una lucha de poderes.

¿Y Dios? Nadie le pide sabiduría. Nadie ora por fortaleza. Y, en consecuencia, Jacob no se llama Israel. Aunque se le ha dado un nuevo nombre, actúa con su vieja naturaleza.

Y así termina la historia. Qué capítulo tan angustioso y deprimente. Sin héroes. Sin inspiración. Inservible como referencia para sermones reconfortantes. El salmo veintitrés. El Sermón del Monte. El Domingo de Pascua o Pentecostés. Esos sí son acontecimientos inspiradores.

En este, solo encontramos depravación. ¿Por qué se incluye en las Escrituras?

Muy simple. Necesitamos recordatorios. Sin la ayuda de Dios, somos un desastre.

El corazón humano es un lugar oscuro. «A los malvados el pecado les susurra en lo profundo del corazón; no tienen temor de Dios en absoluto» (Salmos 36:1 NTV). «Más engañoso que todo es el corazón, y sin remedio; ¿Quién lo comprenderá?» (Jeremías 17:9).

Los hombres asesinados en Siquem, la crueldad de los hermanos, la sangre de su matanza, la inercia del padre, todo se combina para recordarnos un mensaje fundamental:

cuando no se busca a Dios, cuando se suprime la nueva naturaleza, cuando la sociedad no se somete a nadie superior a sí mismo, el resultado es el caos. Nos convertimos en salvajes. Victimizamos a los vulnerables. Rompemos corazones, hogares, pactos y promesas.

Creamos un sistema venenoso.

Un sistema venenoso es aquel en el que las personas reprimen lo mejor de sí mismas y se erigen sobre las espaldas de los demás. Es uno que otorga poder y fuerza a la vez que minimiza la bondad y la gracia. Las culturas tóxicas generan tribus y prosperan en la desconfianza. Sociedades como Siquem crean subordinados que parecen menos que humanos, indeseables, indignos y temibles.

Siquem era una cultura tóxica.

Jacob y sus hijos inhalaron esas toxinas.

¿Acaso no hace solo un capítulo que Jacob vio ángeles, luchó con Dios, recibió un nuevo nombre y una relación restaurada con Esaú? Y ahora esto. De un extremo al otro a la vuelta de una página.

Qué rápido se oscurece el corazón.

Para ser claros, en la perspectiva cristiana, la humanidad es valiosa, inestimable y destinada a la gloria. Somos creados a imagen de Dios. Se nos ha otorgado la comunión y se nos invita a descansar eternamente.

Pero hemos desperdiciado nuestra herencia en el intento por ser Dios.

Hemos levantado nuestra tienda a la sombra de Siquem.

¿De qué otra manera explicamos la corrupción del mundo? A pesar de todos nuestros avances médicos y científicos, de todos nuestros progresos en tecnología y medicina,

¿no luchamos contra las mismas inclinaciones que nuestros antepasados de la Edad de Bronce? Las mujeres siguen cosificadas: casi una de cada tres de ellas en todo el mundo, entre los quince y los cuarenta y nueve años, es víctima de violencia física o sexual. ¡Una de tres![5]

¿Cómo es que el siglo veinte fue el más mortal de la historia? ¡Las guerras y los genocidios cobraron más de 200 millones de víctimas en cien años! A medida que salvamos a más personas que nunca, encontramos formas de masacrar a más personas que nunca. Considera la masacre sudanesa de la década de 1990. Las atrocidades de Nanking, el Gulag soviético, Auschwitz y los campos de exterminio camboyanos. El baño de sangre de Ruanda provocó la muerte de más de ochocientos mil tutsis en menos de tres meses. «Fue el equivalente a más de dos masacres —como la de las Torres Gemelas— todos los días durante cien continuos».[6]

Según Jesús, esa inclinación a la violencia no es un problema de fronteras ni de tratados violados. Es un asunto del corazón. «Del corazón provienen malos pensamientos, homicidios, adulterios, fornicaciones, robos, falsos testimonios y calumnias» (Mateo 15:19).

La evaluación celestial de la condición humana no es favorable. Es más, me recuerda un pronóstico que me dio el médico hace cinco días.

Permíteme describir el entorno en el que estoy escribiendo este capítulo y ver si puedes adivinar el nombre de mi aflicción. Estoy en una habitación de la planta baja de mi casa. He subido las escaleras solo para tomar la medicina e ir a acostarme. No he tenido interacción cara a cara con nadie más que con mi esposa, que lleva puesto un traje de protección contra materiales peligrosos.

¿Adivinaste? Sí, COVID-19. En algún momento inhalé algo de la pandemia. Me duele la garganta. Me duele el cuerpo. La fiebre se me ha desatado. Mi estómago se revuelve. Mi nombre fue agregado a la lista que había tratado de evitar con todas mis fuerzas.

Todos luchamos con un virus invisible, pero fatal. No del cuerpo, sino del alma. No COVID, sino pecado. Todos hemos dado positivo. Todos estamos infectados. Si no lo tratas, «la paga del pecado es muerte» (Romanos 6:23).

Rompe nuestra relación con Dios. En vez de buscarlo, lo negamos. En lugar de amar a sus hijos, los lastimamos.

¡Pero hay un tratamiento! Estas fueron las palabras que me dijo el médico hace cinco días. Apenas me había dicho que estaba enfermo cuando empezó a hablarme de algo llamado inmunoterapia. «Te infundimos anticuerpos. Regeneramos tu sistema enfermo con células sanas».

Si eso no es una ilustración de la cura de Dios para el pecado, entonces he entendido mal el significado de la palabra *evangelio*. Jesús tomó nuestro pecado, nuestro COVID-19 del alma. Él, el único ser libre de virus en la historia humana, se dejó contagiar de la condición humana.

Él tomó el castigo, y eso nos completó.

Por Sus heridas hemos sido sanados. (Isaías 53:5)

Cristo sufrió… nunca pecó, en cambio, murió por los pecadores para llevarlos a salvo con Dios. (1 Pedro 3:18 NTV)

Para tratar mi infección, el médico me colocó una bolsa intravenosa de células sanas. Para tratar nuestro pecado, nuestro Buen Padre nos infundió y nos infunde la vida más pura: «Ya no soy yo el que vive», proclama Pablo, «sino que Cristo vive en mí» (Gálatas 2:20).

Corriendo por la vena del santo está la transfusión de Cristo sin pecado, que bloquea la enfermedad y da vida. «La sangre de Jesús Su Hijo nos limpia de todo pecado» (1 Juan 1:7).

Dios nos da lo que el doctor me dio: una evaluación sincera de mi condición y una provisión misericordiosa para tratarla.

Mi médico, sin embargo, no había terminado. «Lucado», me dijo, «si quieres mejorar, y si no quieres difundir esto, tienes que ser drástico. Cuarentena por diez días».

Así que aquí estoy, sentado. Quinto día de absoluto aburrimiento. El tiempo pasa más lento que la retracción de las encías. Pero una condición grave requiere una vigilancia seria.

¿Acaso no requiere el pecado aún más precaución?

¿Cuál es tu Siquem? ¿Qué tentación te aleja de Betel? ¿Qué voces te seducen? ¿Te distraen? ¿Te alejan de tu destino?

Para ser claro, si tienes el don de Cristo en tu corazón, estás preparado para la vida. El pecado no puede destruirte. Pero puede hacerte tropezar, atraparte, enredarte. No puede quitarte la salvación, pero puede quitarte el gozo, la paz mental y el descanso.

No hagas lo que hizo Jacob. No participes en negocios en los que no tienes nada que ver. Ponte drástico. Camina en círculos amplios alrededor de la ciudad. Deja de ver internet.

Regala tus tarjetas de crédito. Únete a Alcohólicos Anónimos. Cancela tu viaje a Las Vegas, a la ciudad de Nueva York, o donde sea que estés planeando recurrir a tu juventud. Cambia tu número de teléfono. Rompe con ella. Deja de verlo. No plantes tu tienda a la sombra de Siquem.

> Por sobre todas las cosas cuida tu corazón,
>   porque de él mana la vida.
> Aleja de tu boca la perversidad;
>   aparta de tus labios las palabras
>   corruptas.
> Pon la mirada en lo que tienes delante;
>   fija la vista en lo que está frente a ti.
> Endereza las sendas por donde andas;
>   allana todos tus caminos.
> No te desvíes ni a diestra ni a siniestra;
>   apártate de la maldad.
>   (Proverbios 4:23-27 NVI)

Jacob salió. Se dio cuenta de que si se quedaban, los cananeos, que eran mucho más numerosos, tomarían represalias y matarían a toda su casa. Así que sacó las estacas, cargó sus camellos y regresó a Betel. Cuando hizo eso, ¿adivinas quién lo estaba esperando? Te va a encantar el próximo capítulo. En la misma medida en que Siquem era sórdida, Betel era hermosa. Pero Jacob tuvo que hacer un cambio.

Haz lo mismo. No te detengas en Siquem cuando la bendición está en Betel.

CAPÍTULO 11

LA GRACIA NOS LLEVARÁ A CASA

Génesis 35

SEGURO QUE DIOS TERMINÓ CON JACOB.

Su temporada en Siquem fue un desierto tóxico. Despiadado e inhumano. Jacob olvidó quién era y lo que Dios le había ordenado. Estaba a solo treinta kilómetros de Betel, en una zona postal de obediencia. Pero se detuvo en seco. Su desobediencia resultó en una familia devastada. Violación. Mortandad. Sacrilegio.

Génesis 34 es el capítulo más oscuro de la historia de Jacob. No es que Dios no estuviera presente. Es que no fue buscado. Jacob una vez más vivió bajo sus propios términos y pagó un alto precio por ello.

Dios ya tuvo suficiente con este hombre, ¿te parece? Un constante fraude. Qué lamentable excusa para un patriarca. Seguro que Dios lo abandonará, se alejará. ¿Y quién podría culparlo? Pero eso no es lo que sucede.

> Entonces Dios dijo a Jacob: «Levántate, sube a Betel y habita allí. Haz allí un altar a Dios, que se te apareció cuando huías de tu hermano Esaú». (Génesis 35:1)

En vez de darse por vencido con Jacob, ¡Dios le habló! ¡Lo dirigió! Dios tomó la iniciativa. Aun cuando Dios no se menciona en Génesis 34, su nombre aparece, según mi cuenta, once veces en los primeros quince versículos del capítulo 35. La tienda de Jacob todavía estaba levantada a la sombra de Siquem. Había sangre en las uñas de sus hijos. El hedor a muerte flotaba en el aire. Jacob y sus hijos se habían comportado igual que los paganos que los rodeaban.

Sin embargo, Dios acudió a Jacob. Y este volvió en sí.

> Y Jacob dijo a los de su casa y a todos los que estaban con él: «Quiten los dioses extranjeros que hay entre ustedes. Purifíquense y cámbiense los vestidos. Levantémonos, y subamos a Betel; y allí haré un altar a Dios, quien me respondió en el día de mi angustia, y que ha estado conmigo en el camino por donde he andado». Entregaron, pues, a Jacob todos los dioses extranjeros que *tenían* en su poder y los pendientes que *tenían* en sus orejas; y Jacob los escondió debajo de la encina que *estaba* junto

a Siquem. Al continuar el viaje, hubo gran terror en las ciudades alrededor de ellos, y no persiguieron a los hijos de Jacob. (Génesis 35:2-5)

Jacob tuvo un momento parecido al de la venida de Jesús, en una versión del Antiguo Testamento. Reasumió el papel de anciano del clan, líder de la familia. No más dioses falsos. No más coqueteos con Siquem. No más vacilaciones ni balbuceos entre convicciones. Jacob reanudó el viaje a casa.

Sin embargo, el héroe no era Jacob. Era Dios. Fue Dios el que impulsó a Jacob, no Jacob quien buscó a Dios. Fue Dios el que movió a Jacob, no Jacob quien movió a Dios. Fue Dios el que intervino, no Jacob quien miró hacia arriba. Jacob se arrepintió, sí. Pero solo después de que Dios gritó su nombre.

Dios no solo inquietó a Jacob; le recordó su nuevo nombre y la promesa que le había hecho.

Y Dios le dijo:
«Tu nombre es Jacob; no te llamarás más Jacob, sino que tu nombre será Israel». Y le puso el nombre de Israel. También le dijo Dios: «Yo soy el Dios Todopoderoso. Sé fecundo y multiplícate; una nación y multitud de naciones vendrán de ti, y reyes saldrán de tus entrañas. La tierra que les di a Abraham y a Isaac, te la daré a ti y a tu descendencia después de ti». (Génesis 35:10-12)

Jacob se olvidó de Dios una y otra vez, pero Dios nunca se olvidó de Jacob. Aquel que prometió bendecir, bendijo, y Jacob fue confirmado, una vez más, como Israel.

Gracia. Pura gracia.

¿Podrías usar algo de ella?

Cada día parece traernos una nueva forma de desviarnos del rumbo. Cualquiera que te diga que no, necesita leer un libro sobre la honradez. La vida cristiana no es difícil; es imposible. ¿Necesitas pruebas? Considera el estándar del nivel del Everest establecido en el Sermón del Monte.

«Cualquiera que se enoje contra su hermano, será culpable de juicio». (Mateo 5:22 RVR1960)

«Todo el que mire a una mujer para codiciarla ya cometió adulterio con ella en su corazón». (v. 28)

«A cualquiera que te abofetee en la mejilla derecha, vuélvele también la otra». (v. 39)

«Amen a sus enemigos y oren por los que los persiguen». (v. 44)

¡Voy 0 a 4! Exactamente ¿cómo podemos cumplir estos mandatos?

¿Quién tiene oportunidad? ¿Qué esperanza tenemos? La misma que tenía Jacob. Gracia. «Mientras más pecaba la gente, más abundaba la gracia maravillosa de Dios» (Romanos 5:20 NTV).

¿No es ese el gran descubrimiento? «[Él] nos predestinó para adopción como hijos para sí mediante Jesucristo, conforme a la buena intención de Su voluntad» (Efesios 1:5). Dios te incluyó en su familia. Cambió tu nombre, tu dirección y te dio un asiento en la mesa. Eres «acepto en el Amado» (Efesios 1:6 RVR1960).

Una joven se me acercó una vez después de escuchar un sermón sobre el perdón. Me alegró verla y escuchar cómo estaba. Ella había luchado contra muchos rechazos en su temprana vida. Pero ese día sintió algo diferente. «He hecho un descubrimiento».

«¿Qué?».

«No tengo problemas para aceptarme».

Tampoco tú.

Así que, por el amor de Dios, acéptate.

No más autoincriminación. No más autoacusaciones. No más autocondena. Convierte la gracia en tu dirección permanente. Dios te acompaña. Eres «completo» (Colosenses 2:10). Eres «justicia de Dios en Él.» (2 Corintios 5:21). Eres «santo, sin mancha e irreprensible» (Colosenses 1:22). «Él ha hecho perfectos para siempre a los que son santificados» (Hebreos 10:14).

Dios ha hecho un pacto para amarte con un amor eterno, y lo cumplirá.

Lo hizo con Jacob.

El anciano patriarca finalmente regresó a Betel.

Me pregunto si fue a buscar la piedra que había usado como almohada. ¿Cuánto tiempo estuvo en Betel antes de decirles a sus esposas que necesitaría una mochila y un camello para pasar la noche? ¿Deambuló por el desierto bajo la luz mortecina hasta que encontró el lugar donde vio la escalera? ¿Levantó una roca, se echó boca arriba y miró las estrellas mientras recordaba la escalera? ¿Reflexionó sobre el desastre que había hecho con su vida? Había engañado a su hermano. Había estafado a su padre casi ciego. Pero, a pesar de todo, Dios había abierto los cielos y bajado la escalera celestial para que Jacob descubriera la mayor lección de gracia: Dios nos persigue cuando nos alejamos de él.

En 1890, Francis Thompson, un poeta católico romano, describió a Dios como «El sabueso del cielo»:

> Hui de Él, a través de noches y días;
> Hui de Él a través de los arcos de los años;
> Hui de Él a través de las sendas tortuosas
> De mi propia mente; y en medio de las
>   lágrimas
> Me oculté de Él tras la aparente risa sin fin.
> Hacia anhelos avistados me lancé
> Y deshecho, precipitado fui
> Hasta la oscuridad más titánica de miedos
>   abismales
> Por estos fuertes pasos que seguían, que me
>   seguían.[1]

Thompson habla de Jesús como «este tremendo Amante» que persigue «con asechanza sin prisas, paso imperturbable, velocidad deliberada, instancia majestuosa».

¿Abrirías tu corazón a esta posibilidad? Dios te está cortejando, persiguiendo, enamorándote. Recházalo si lo deseas. Ignóralo si quieres. Quédate en el hedor de Siquem por un tiempo. Pero él no se dará por vencido. ¿Acaso no te prometió llevarte a casa? ¿Y ha roto alguna vez una promesa?

No a ti.

Este es el mensaje de Dios, la promesa agresiva de la gracia.

Confía en ella.

CAPÍTULO 12

¿CONOCES ESTA GRACIA?

MI LISTA DE COSAS POR HACER EN MI PRIMER
día en el cielo dice lo siguiente:

- Adorar a Jesús.
- Abrazar a mi papá, mi mamá, mi hermano y a mis hermanas.
- Agradecer a cada persona que oró por mí cuando yo era pródigo.

- Hacerle algunas preguntas al apóstol Pablo
  como «¿de qué se trataba ese comentario sobre el
  «bautismo por los muertos»?

Luego me gustaría sostener una larga conversación con Jacob. Haré una caminata rápida hasta el Café de las Puertas del Cielo, donde le gusta pasar las mañanas. Me presentaré.

—Hola, señor Israel, soy Max.

Él levantará la vista de su café con leche y entrecerrará los ojos. Se acariciará la barba, inclinará la cabeza y, al menos en mi imaginación, asentirá al escuchar mi nombre.

—Eres el tipo que escribió el libro sobre mí, el libro de la gracia.

Me sonrojaré, halagado porque él lo sabe.

—Sí.

—¿Qué pasó con *Dios nunca se dio por vencido con Jacob*?

—*Dios nunca se da por vencido contigo* —diré en perfecto hebreo.

—Según tú, yo era un tren descarrilado como patriarca.

—Bueno, engañaste a tu hermano, le mentiste a tu padre, trataste de hacer un trato con Dios y ese incidente con Dina en Siquem...

—Está bien, no es necesario repetir cada una de esas cosas.

Él suspirará, sonreirá y me pedirá que me siente con él. Una multitud se reunirá al ver al hombre de cabello denso que todavía lleva el bastón que una vez era rama de un árbol cerca del río Jaboc.

—¿En qué piensas, hijo? —me preguntará.

—¿Hice bien en escribir eso?

—¿Acerca de mí?

—Sí.

—¿Que Dios me usó a pesar de mí, no por mí?

—Sí.

—¿Que soy el chico del cartel de los defectuosos y los fraudes?

—¿Cómo supiste la frase «chico del cartel»?

— Olvida eso. ¿Quieres saber si el fin de mi historia es anunciar la gracia de Dios?

—Me gustaría saber qué piensas, sí.

—Bueno, esta es mi respuesta a tu pregunta...

Y entonces, a la distancia una voz ronca dice: «¡Jacob! ¡Jacob!».

Él mirará por encima de mi hombro y dirá:

—¡Esaú! Olvidé nuestro juego. Discúlpame, Max. Pero Esaú y yo tenemos una reservación para jugar. Jugamos a Abraham e Isaac una vez a la semana. Terminemos esta charla mañana.

Y se irá. Y tendré que esperar un día para escuchar su respuesta. Y tendré que esperar para decirle lo que me gustaría decirle. Pero... ya que no puedo decírselo, ¿puedo decírtelo a ti?

«Jacob, tu historia es mi historia. Tu vida habla de aquellos de nosotros que tropezamos, fallamos y fracasamos. Nos invitas a creer en una gracia que es tan deslumbrante, convincente y decisiva que seríamos tontos si la rehusáramos».

Al leer y releer sobre Jacob, sigo cuestionándome si Dios realmente lo aprueba. Atribuye eso a mi educación protestante y conservadora. Pero cada vez que reviso la historia de Jacob me deja asombrado con su aparente incapacidad para mejorar, limpiarse y defender lo decente y lo moral.

Serpenteó su camino dentro y fuera de la voluntad de Dios. De Beerseba a Betel. De la escalera del cielo al clan de Labán. Engañó y fue engañado. Dos veces vio ángeles y en tres ocasiones escuchó la voz de Dios (Génesis 28:15; 32:28; 35:10). Su nombre fue cambiado, pero su corazón parecía que no. ¿Por qué Dios no lo despidió? ¿Reemplazándolo con alguien más pulido, más refinado?

Sin embargo, por otro lado, estoy muy agradecido de que Dios no lo haya hecho. Yo también juego con el sistema. Yo también tiendo a armar mi tienda a la sombra de Siquem. He luchado con Dios, me he atrevido a pensar que mi fuerza y mis músculos lo impresionarían. Puedo ser adulador, informal y menos que honrado.

Me identifico con Jacob. Cojeo.

Encuentro gran inspiración en las historias de otros héroes de la Biblia. Sin embargo, José y Daniel son niños prodigio y triunfadores. El apóstol Juan y María son materia de sabios y místicos. El apóstol Pablo es el santo patrón de los teólogos y filósofos. Pero ¿Jacob? Tenía un poco de Charlie Brown. ¿Recuerdas cómo evaluó Lucy a su amigo?

«¡Tú, Charlie Brown, eres una pelota fallida en el juego de la vida! ¡Vives a la sombra de tus victorias pasadas! ¡Eres un perdedor! ¡Estás a tres golpes del hoyo dieciocho! ¡Eres una división inferior! ¡Eres una caña y un carrete caídos en el lago de la vida! ¡Eres un gol fallido, un jaque mate truncado y un tercer *strike* cantado![1]

Solo podemos preguntarnos cómo habría evaluado Lucy a Jacob.

Su historia es para esos momentos en que el Jacob que llevamos dentro se pregunta: «¿Puede Dios usar a una persona como yo?».

La respuesta, es una contestación tranquilizadora y rotunda: «Sí».

Pura gracia.

La gracia es la mejor y más grande idea de Dios. Por ella nos trata de acuerdo a su corazón y no al nuestro. Nos ve y ve a su Hijo. Nos acompaña inexorablemente con un amor que ningún pecado puede destruir. Por ella abre las puertas del cielo a cualquiera que confíe, no para impresionarlo, sino que confíe en él.

¡Maravillosa gracia!

Dios no se sube a una escalera y nos dice que la subamos y lo encontremos. La baja en el desierto de nuestras vidas y nos encuentra. No ofrece usarnos si nos portamos bien. Promete usarnos, consciente todo el tiempo de que nos portaremos mal. La gracia no es un regalo para aquellos que evitan las sombras de Siquem. La gracia existe porque ninguno de nosotros puede hacer nada sin ella.

Dios amándonos. Dios inclinándose hacia nosotros. Dios ofreciéndose. Dios cuidándonos y Dios llevándonos.

¿Conoces esta gracia?

La gracia hace por nosotros lo que yo hice por mi nieto. Denalyn y yo disfrutábamos de una charla vespertina cuando, desde el patio trasero de la casa, escuché estas palabras: «¡Ayuda! ¡Es una emergencia!».

Reconocí la voz porque conozco a la chica. Rosie, nuestra nieta. Le faltaba un mes para cumplir seis años, es pelirroja, de ojos azules, y en ese momento parecía muy urgente.

Rosie y su hermano de tres años, Max Wesley, estaban ocupados en su pasatiempo favorito, recoger piedras. No es necesario gastar dinero en juguetes para este dúo. Simplemente, déjalos sueltos en el patio de la casa para que puedan buscar piedras pulidas y brillantes.

Cuando nos apresurábamos a salir por la puerta trasera, Jenna le preguntó a Rosie:

—¿Qué pasó?

—¡Max no puede ponerse de pie!

Supuse lo peor. Una mordedura de serpiente de cascabel. Se cayó por el barranco.

—¿Por qué no puede ponerse de pie?

—Porque tiene los bolsillos llenos de piedras. Sus pantalones se le cayeron hasta los tobillos. Está atascado y no puede pararse.

Nos detuvimos, nos miramos y sonreímos.

—Parece una ilustración de un sermón en proceso —me dijo Denalyn.

Ella tenía razón. Era una ilustración excelente. El pequeño Max no podía ponerse de pie. Estaba caído en el camino. Sus rodillas estaban pegadas a su pecho. Sus *jeans* estaban hasta los tobillos. Lo único que separaba su trasero del asfalto era la ropa interior de Spiderman.

—¿Puedes levantarte? —le pregunté.

Su voz era débil y triste.

—No.

—¿Puedes intentarlo?

Cuando intentó hacerlo, el problema era demasiado claro. Todos los bolsillos estaban llenos de piedras. Los laterales, los traseros... cuatro bolsillos llenos de piedras y pesados.

—¿Necesitas ayuda? —le pregunté.

Él dijo que sí. Me dejó ayudarlo a quitarle las cargas innecesarias, una por una, piedra por piedra, peso por peso. Lo siguiente que te imaginas es que se subió los *jeans* y comenzó a jugar otra vez.

(Te dije que era una gran ilustración).

¿Qué te impide levantarte? ¿Qué enreda tus pies? ¿Qué te impide avanzar? ¿Qué carga te roba la paz?

¿Seguirías el ejemplo de Max?

Max confió en nosotros.

¿No confiarás en la gracia de Dios?

Así como Jacob, luchas. Sin embargo, como él, tus luchas no te descalifican nunca. «Pero tenemos este tesoro en vasos de barro, para que la extraordinaria grandeza del poder sea de Dios y no de nosotros» (2 Corintios 4:7).

¿Tu tesoro? Una primogenitura. Una herencia espiritual y un destino.

Sin embargo, estas vasijas de barro no armonizan con nuestro tesoro. Tenemos mentes que divagan. Cuerpos que envejecen. Corazones que dudan. Ojos lujuriosos. Convicciones que se desmoronan. Nos derrumbamos bajo presión. Nuestra porcelana tiene fisuras. ¿Quién quiere usar una vasija rota? Dios. Él hace grandes cosas a través del quebrantamiento. El suelo partido da cultivos. De los huevos rotos brota vida. Los cielos rotos dan lluvia. Los crayones rotos todavía colorean. Los capullos partidos abren paso al vuelo. Los frascos de alabastro rotos dan fragancia. El pan partido de la Comunión da esperanza. El cuerpo partido de Cristo en la cruz es la luz del mundo.

Lo cual es precisamente el punto. Dios hace grandes cosas a través de los que están quebrantados. No es la fuerza del vaso lo que importa; es la fuerza de aquel que puede usarlo.

No eres la suma de tus pecados. Eres la suma de la muerte, sepultura y resurrección de Jesús. Eres tan justo como Jesús (2 Corintios 5:21). «[Eres] fragante aroma de Cristo... para Dios entre los que se salvan y entre los que se pierden» (2 Corintios 2:15).

Se cree que el antiguo arte japonés del kintsugi se desarrolló en el siglo quince como una forma exclusiva de reparar la cerámica agrietada. A veces traducido como «viaje dorado», el kintsugi repara la cerámica rota no escondiendo las grietas sino destacándolas. El artista usa una especie de laca para reparar las fisuras y luego cubre el adhesivo con un fino polvo de oro o plata. ¿El resultado? Algo hermoso e inimaginable con líneas de oro y plata zigzagueando a través de la cerámica. Entonces, la pieza cuenta la historia de su pasado con cada grieta y fisura, una vez rota irremediablemente y ahora redimida de forma gloriosa por el artista.[2]

Cuando llegamos al final de la historia de Jacob, la vieja vasija de barro se mantiene unida con el pegamento y la cinta adhesiva marca Elmer. No hay mucho que ver, pero lo logró. «Por la fe Jacob, al morir, bendijo a cada uno de los hijos de José, y adoró, *apoyándose* sobre el extremo de su bastón» (Hebreos 11:21).

Jacob murió adorando. Que lo mismo se diga de nosotros.

No tenemos que ser fuertes para ser salvos. No tenemos que ser perfectos para ser redimidos. No tenemos que sacar buenas calificaciones. Simplemente necesitamos confiar en el Dios de Jacob, creer en un Dios que se queda con los indignos y los poco rendidores hasta que estemos seguros en casa. Él es el Dios de las segundas oportunidades y los nuevos comienzos. El Dios de la gracia.

Y él nunca se da por vencido contigo.

PREGUNTAS PARA REFLEXIONAR

―――――――

PREPARADAS POR
ANDREA LUCADO

CAPÍTULO 1

EL CLUB
DE LOS
SANTURRONES

1. ¿Cómo describirías al club de los santurrones?
    • ¿Alguna vez te has considerado miembro del club
    de los santurrones? ¿Por qué?
    • ¿Tiendes a pensar en los personajes de la Biblia
    como parte de ese club en la misma manera?
    ¿Por qué?

2. Rellena el espacio en blanco: «Jacob, el patriarca
    _____» (p. 4).

- ¿Qué sabías acerca de Jacob antes de leer este libro?
- ¿Qué te sorprendió de él después de leer este capítulo?

3. ¿Cuál era el apodo de Jacob?
   - ¿Conoces a alguien como Jacob, algún individuo que merezca un apodo como este?
   - ¿Qué sientes acerca de esa persona?
   - ¿Te sorprende que uno de los patriarcas de las religiones judía y cristiana fuera una persona así?

4. ¿Cuál fue la herencia de la familia de Jacob? ¿Quiénes fueron su madre y su padre, su abuela y su abuelo?
   - ¿Qué sabes sobre los padres y los abuelos de Jacob?
   - ¿Cómo influye nuestra herencia en nuestras acciones, personalidad y creencias religiosas?
   - Describe tu herencia.
   - ¿De qué maneras, tanto positiva como negativa, ha afectado tu herencia a tu vida?

5. Lee Génesis 25:21-28.
   - ¿Cómo se nos presenta a Jacob y Esaú en las Escrituras? ¿Cuál era su relación, incluso en el útero de su madre?
   - ¿Qué fue profetizado acerca de Jacob y Esaú? ¿Por qué esto sorprendería tanto a Rebeca?
   - ¿Qué fue inusual en el nacimiento de Jacob y Esaú?

- ¿Qué simbolismo hay en el hecho de que Jacob se aferrara al talón de su hermano?
- ¿En qué se diferenciaban Jacob y Esaú?
- ¿Cuál de los progenitores amaba más a Jacob y cuál amaba más a Esaú?
- ¿Por qué crees que se incluye esta información en las Escrituras?

6. Max explica: «El primogénito de Isaac sería el próximo portador del pacto que Dios había hecho con Abraham». Lee ese pacto en Génesis 12:2-3.
   - ¿Cómo sabemos que Dios favoreció a Abraham?
   - ¿Por qué merecía recibir el pacto?
   - ¿En qué modo se diferenciaban Jacob y Abraham?
   - ¿Era Jacob digno de llevar a cabo este pacto? ¿Por qué?

7. Jacob no era profeta ni predicador. Cometió muchos errores. Engañaba. Mentía.
   - Si Jacob es el antihéroe de esta historia, ¿quién es el héroe?
   - ¿Cuál es el tema esencial de la historia de Jacob? (Pista: es una palabra).

8. ¿Cómo definirías la *gracia*?
   - ¿En qué modo has experimentado la gracia personalmente?
   - ¿En qué área necesitas experimentar la gracia de Dios en este momento?

9. Aunque acabas de empezar a estudiar la vida de Jacob, por lo que sabes hasta ahora, ¿de qué forma puedes verte reflejado en su historia?

- Ya consciente de lo que Dios sentía por Jacob, ¿cómo crees que se siente respecto a ti?
- ¿Cómo puede la historia de Jacob darte esperanza para tu propia historia?

CAPÍTULO 2

DE PRÍNCIPE A PERDEDOR

1. ¿Cómo tratas con los tiempos de espera? ¿Te tranquilizan o te alteran? Tal vez dependa de la situación. Explica tu reacción.

   - Max dice: «Ese pecado, en su raíz, es la falta de voluntad para esperar» (p. 18). ¿Estás de acuerdo con esta afirmación? ¿Por qué?

   - ¿Alguna vez le has pedido a Dios que te ayude a esperar en paz? Describe lo que sucedió y lo que aprendiste.

2. Lee Génesis 25:29-34.
    - ¿Por qué accedió Esaú a venderle su primogenitura a Jacob?
    - ¿Qué le costó toda la vida a Esaú la incapacidad de esperar en aquel momento?
    - ¿Alguna vez tu impaciencia te ha costado algo importante? ¿Cuál fue el resultado?
    - Si pudieras revivir ese momento, ¿qué harías?

3. Esaú no era el único en su familia que tenía problemas con la paciencia. Lee Génesis 27:1-29.
    - Rebeca conocía la profecía de Dios acerca de sus hijos. Aun así, orquestó este plan: un atajo para que Jacob recibiera la bendición de Isaac. ¿Por qué crees que ella insistió en que Jacob tomara ese atajo?
    - ¿Cuál fue el resultado?

4. Lee Génesis 27:41-45 ¿Cuál fue el resultado del atajo de Jacob y Rebeca?
    - ¿Qué logró ese atajo para Jacob?
    - ¿Cuáles fueron las repercusiones de la acción de Jacob?
    - ¿Qué crees que habría pasado si Rebeca y Jacob hubieran esperado en el Señor?

5. ¿Estás esperando en Dios por algo, en este momento?
    - ¿Cuánto has estado esperando?
    - ¿Hay alguna diferencia entre un atajo y un movimiento estratégico útil? ¿Cómo puedes saber la diferencia?

6. ¿Con quién te identificas más en este capítulo y por qué?

Esaú: Estaba tan desesperado por llenarse el estómago que vendió lo más importante del mundo por un plato de sopa.

Rebeca: Aunque conocía el plan de Dios para sus hijos, tomó el asunto en sus propias manos e ideó un plan que arruinó a su familia.

Jacob: Participó voluntariamente en el plan para engañar a su propio padre, con el fin de ganar estatus y prestigio.

- ¿En qué forma son las historias de Jacob, Esaú y Rebeca advertencias para ti que esperas en el Señor?
- ¿Cómo podrían animarte sus historias mientras esperas?

CAPÍTULO 3

ESCALERAS DEL CIELO

1. Describe un momento en el que estuviste profundamente desesperado.
   - ¿Qué causó tu desesperación?
   - ¿Te sentiste solo durante ese tiempo? Si así fue, ¿por qué?
   - ¿Sentiste a Dios cerca o lejos? ¿Por qué?
   - En este capítulo leíste sobre el largo viaje que Jacob inició solo. ¿Cómo podría tu experiencia

con la desesperación y la soledad ayudarte a identificarte con Jacob? ¿Cómo crees que se sentía él cuando abandonó su casa?

2. Lee Génesis 28:10-19 ¿Qué vio Jacob en su sueño?
    • ¿Qué crees acerca de los ángeles y por qué?
    • Según las Escrituras, ¿qué función tienen los ángeles en nuestras vidas? (Ver Hebreos 1:14 y Salmos 91:11).
    • ¿Qué papel juegan los ángeles en nuestras oraciones? (Apocalipsis 8:3-5).
    • ¿Qué crees que representaron los ángeles en el sueño de Jacob?

3. ¿Qué escuchó Jacob en su sueño?
    • ¿Qué promesas le hizo Dios a Jacob en su sueño?
    • Max dice: «No hay una sola mención de Jacob y la oración, Jacob y la fe o Jacob y su búsqueda ferviente de Dios» (p. 35). Considerando esto, ¿qué te dicen estas promesas sobre el carácter de Dios?

4. ¿Cómo has escuchado la voz de Dios en tu vida? ¿Fue un momento como el de la «escalera de Jacob», cuando literalmente escuchaste la voz de Dios, o fue en una forma menos directa, tal vez a través de un amigo o de algo que leíste u oíste decir a una persona?
    • ¿Qué te dijo Dios?

- ¿Te sorprendió escuchar de Dios en ese momento o de esa manera? ¿Por qué?
- ¿Cómo has visto a Dios hablar a otros?

5. Max dice: «Eso es lo que hace la gracia. Persigue. Persiste. Aparece y habla» (p. 37). ¿Has experimentado la gracia de esta manera? Si es así, ¿cómo?

6. ¿Cómo respondió Jacob a su sueño?
   - ¿Qué dijo y qué hizo?
   - ¿Cuándo te ha sorprendido la presencia de Dios durante un momento tenebroso o difícil?
   - ¿Cómo se te reveló Dios?
   - ¿Cómo te afectó su presencia en ese momento?

7. Rellena el espacio en blanco: «Tu escalera al cielo no es una visión. Es una persona. _____ es nuestra escalera» (p. 38).
   - ¿En qué sentido es Cristo nuestra «escalera»?
   - ¿Tiendes a pensar en Jesús como tu «intermediario», como tu «conducto a través del cual llegan las bendiciones y ascienden las oraciones?» (p. 39)? ¿Por qué?

8. Responde la pregunta de Max al final del capítulo: «¿Cuál es tu versión de la almohada de piedra?» (p. 39).
   - ¿Cuál es la promesa de Jacob y Betel? (p. 40).
   - ¿Cómo se podría aplicar esta promesa a tu almohada de piedra?

9. Los pilares son recordatorios tangibles de la fe. Jacob marcó el lugar donde experimentó a Dios en su sueño construyendo una pequeña columna y ungiéndola con aceite. ¿Por qué crees que hizo eso?

- ¿Qué elementos físicos o recordatorios son significativos para ti y por qué?
- ¿Qué momento, como el de la almohada convertida en pilar, podrías destacar o conmemorar?
- Medita en una forma en que podrías marcar un momento o tiempo como ese en tu vida. ¿Cómo sería tu pilar? ¿Dónde lo construirías? ¿Cómo podrías orar en él o ungirlo?

CAPÍTULO 4

SIN INTERCAMBIO DE FAVORES

1. ¿Alguna vez has tratado de negociar con Dios? En caso afirmativo, ¿cuál fue la naturaleza de ese trato?
   - ¿Qué te dio el valor para intentar lograr un trato con Dios?
   - ¿Cuál fue el resultado?

2. Lee Génesis 28:20-22.

- Explica el intento de Jacob por negociar con Dios: ¿Qué le pidió Jacob a Dios que hiciera y qué intercambiaría a cambio?
- ¿En qué se diferencia el trato de Jacob con Dios de otros ejemplos similares? (Génesis 18:22-32 y 1 Samuel 1:11).
- ¿Qué te parece que Jacob responda así a su sueño? o ¿Qué piensas sobre la manera en que Jacob respondió a su sueño?

3. Max cita a A. W. Tozer: «Si por nosotros fuera, tenderíamos inmediatamente a reducir a Dios a términos manejables. Queremos llevarlo a donde podamos usarlo, o al menos saber dónde está cuando lo necesitamos. Queremos un Dios que podamos _____ en alguna medida» (p. 48). Llena el espacio en blanco.
   - ¿En qué modo fue el trato de Jacob un intento por controlar a Dios?
   - ¿Ves los tratos que has hecho con Dios como intentos por controlarlo? ¿Por qué?
   - ¿Por qué crees que tratamos de controlar a Dios? ¿Cuál esperamos que sea el resultado?

4. Max habla de la pareja que visitó en el hospital después de que su hija sufriera un accidente. Su fe dependía de que su hija mejorara.
   - ¿Alguna vez te has sentido así?
   - ¿Alguna vez has querido o necesitado algo tan desesperadamente que si Dios no te lo diera, te haría perder la fe?

- ¿Concedió Dios tu pedido? Si lo hizo o no, ¿cómo respondiste?

5. ¿Cómo se comparan nuestros tratos con Dios con la granja de hormigas que Max describe en este capítulo? (pp. 50-52).
   - ¿Cómo puede esta ilustración darte una perspectiva en cuanto a cómo se siente Dios con nuestras ofertas?

6. ¿Cuál es la raíz de la palabra *santificado*, usada para describir a Dios en Mateo 6:9?
   - ¿Qué significa esta palabra?
   - ¿Qué te dice esto acerca de la naturaleza de Dios?

7. Lee los siguientes versículos:

   Que sepan que tú eres el SEÑOR, que ese es tu nombre; que sepan que solo tú eres el Altísimo sobre toda la tierra. (Salmos 83:18 NVI)

   Así dice el SEÑOR:

   «El cielo es mi trono,
       y la tierra, el estrado de mis pies.
   ¿Qué casa me pueden construir?
       ¿Dónde estará el lugar de mi reposo?
   Fue mi mano la que hizo todas estas cosas;
       fue así como llegaron a existir
       —afirma el Señor—. (Isaías 66:1-2 NVI)

El Señor le respondió a Job desde la tempestad.
Le dijo:

«¿Quién es este, que oscurece mi consejo
   con palabras carentes de sentido?
Prepárate a hacerme frente;
   yo voy a interrogarte, y tú me responderás.
»¿Dónde estabas cuando puse las bases de la tierra?
   ¡Dímelo, si de veras sabes tanto!
¡Seguramente sabes quién estableció sus dimensiones
   y quién tendió sobre ella la cinta de medir!
¿Sobre qué están puestos sus cimientos,
   o quién puso su piedra angular
mientras cantaban a coro las estrellas matutinas
   y todos los ángeles gritaban de alegría?
»¿Quién encerró el mar tras sus compuertas
   cuando este brotó del vientre de la tierra?
¿O cuando lo arropé con las nubes
   y lo envolví en densas tinieblas?
¿O cuando establecí sus límites
   y en sus compuertas coloqué cerrojos?
¿O cuando le dije: "Solo hasta aquí puedes llegar;
   de aquí no pasarán tus orgullosas olas"?
   (Job 38:1-11 NVI)

- ¿Cómo describen estos versículos a Dios?
- ¿Cómo te ayuda esto a comprender la santidad de
  Dios, cómo se distingue de nosotros?

8. ¿Cómo reconcilias a este Dios con Jesús, que no estaba separado de nosotros, sino con nosotros y cerca de nosotros?

9. Max dice: «La oración no es pedirle a Dios que haga lo que tú quieres; es confiar en que él hará lo mejor» (p. 54). ¿Qué opinas de esta declaración?
   • ¿Qué tipo de cosas le pides a Dios?
   • ¿Crees que es aceptable orar por lo que quieres? ¿Por qué?
   • Medita en algo que quieras en este momento, algo que le has estado pidiendo a Dios. Bajo los términos de este capítulo, ¿cómo podrías llevar esta petición a Dios?

10. La historia de Jacob tiene que ver con la gracia, a pesar de su comportamiento engañoso, torpe y egoísta. Como dice Max: «La historia de Jacob es un testimonio de la bondad divina, inesperada, no solicitada e inmerecida».
   • ¿Crees en la declaración de Max? ¿Ha resultado eso cierto contigo?
   • ¿Has tratado, como Jacob, de negociar con Dios? ¿Has sido testigo de esa bondad inmerecida por su parte? Explica.
   • ¿Cómo respondes cuando al negociar con Dios no te da la respuesta que querías?

CAPÍTULO 5

EL TRAMPOSO ENGAÑADO

1. ¿Por qué Rebeca envió a Jacob a la tierra de Harán? ¿Por qué lo envió *Dios* a la tierra de Harán?

2. Este capítulo tiene que ver con cosechar lo que siembras. ¿Cuál ha sido tu experiencia al cosechar eso que siembras?
   - ¿Cuándo has sembrado algo bueno? ¿Cuál fue el resultado?
   - ¿Cuándo has sembrado algo malo? ¿Cuál fue el resultado?

- ¿Qué semillas había sembrado Jacob en esas alturas de su historia?

3. Lee Génesis 29:1-13.
    - ¿Cómo recibieron Labán y su familia a Jacob?
    - ¿Por qué crees que Jacob lloró cuando conoció a Raquel?
    - ¿Qué te dice eso acerca de cómo se sentía Jacob después de llegar finalmente a Harán?

4. Lee Génesis 29:14-30.
    - ¿Qué sentía Jacob por Raquel?
    - ¿Qué estaba dispuesto a hacer por ella?
    - ¿Qué aspecto del carácter de Jacob revela eso?
    - ¿Qué podemos aprender sobre el carácter, la ética laboral o la fuerza de voluntad de Jacob a partir de esta historia?

5. ¿En qué forma se asemeja el engaño de Labán a Jacob al que les infligió Jacob a Isaac y a Esaú?
    - ¿Qué lecciones podría haber aprendido Jacob de eso?
    - ¿Cómo sabemos que Jacob aún no había aprendido la lección?
    - ¿Por qué crees que fue eso?

6. ¿Qué lecciones has aprendido al cosechar lo que sembraste?
    - Al igual que Jacob, ¿encuentras que algunas lecciones son más difíciles de aprender que otras?

¿Sigues sembrando la misma semilla, esperando un resultado diferente? Si es así, ¿cómo se ha desarrollado esto en su vida?

- ¿Qué buenas semillas podrías sembrar hoy para cosechar los beneficios mañana?
- ¿Quién más podría beneficiarse de estas semillas?

7. Algunos dicen que tenemos lo que merecemos. A menudo, como en el caso de la historia de Jacob en este capítulo, eso es lo que nos sucede. Pero a veces no. ¿Cuándo *no* has obtenido lo que «merecías»? Por ejemplo, fuiste un idiota con alguien, pero esa persona te respondió con gentileza. Entregaste un proyecto tarde, pero tu jefe te trató con bondad.

- ¿Cómo actuó la gracia en ese escenario?
- Sabiendo que tenemos el amor incondicional de Dios y la gracia infinita a través de Cristo, ¿cómo equilibramos esta verdad con la otra que Max presenta: «Determinas la calidad del mañana por las semillas que siembres hoy»? (p. 69).

8. ¿En qué modo estuvo presente la gracia en la historia de Jacob con Raquel y Lea?

- ¿Por qué crees que Dios no abandonó a Jacob como parte de su plan mayor?
- Piensa en un momento en que Dios te extendió su gracia. ¿Cómo influyó esa experiencia en tu fe?
- ¿Por qué crees que Dios no se ha dado por vencido contigo?

CAPÍTULO 6

LA GUERRA POR EL CONTROL

1. ¿Qué sabes sobre tu genealogía?
   - ¿Por qué es conocida tu familia, lo bueno y lo malo?
   - ¿Has visto quebrantamiento en tu familia o lo has presenciado en otra familia que conoces?
   - ¿Cómo te ha afectado?
   - ¿Cómo puede el quebrantamiento afectar la relación de una persona con Dios?

2. Lee Génesis 29:31-35.
    - ¿Por qué permitió Dios que Lea concibiera?
    - ¿Cuál fue la respuesta de Lea al nacimiento de Rubén?
    - ¿Cómo reaccionó cuando nació Simeón?
    - ¿Cuál fue su reacción al nacer Leví?
    - ¿Cómo respondió al nacimiento de Judá?
    - Utiliza el siguiente cuadro para completar los nombres de los hijos de Lea y el significado de cada uno de ellos.
    - ¿Por qué crees que Lea alabó a Dios por el nacimiento de Judá?
    - ¿Cómo cambió Lea desde el momento de nacer Rubén hasta que nació Judá?

3. ¿Alguna vez te has sentido ignorado o no amado como Lea?
    - ¿Cómo te afectó esa falta de atención, afecto o amor?
    - ¿Te encontró Dios en esa situación? Si es así, descríbela.

4. Lee Génesis 30:1-24.
    - Si consideras la súplica de Raquel a Jacob en el versículo 1, ¿cómo crees que se sintió por no poder tener hijos?
    - ¿Cuál fue su solución?
    - Continúa completando el siguiente cuadro con los hijos de Zilpa, Bilha, Lea y Raquel, escribe sus nombres y el significado de estos.

5. Max describe las historias de Raquel y de Lea como «un caso de dos mujeres que anhelan algo que aún no han encontrado» (p. 78).

    - ¿Cómo respondió Raquel a su anhelo?
    - ¿En qué coincidían y diferían las respuestas de Raquel y Lea a sus anhelos?
    - ¿Qué has anhelado consciente de que no podrías tenerlo?
    - ¿Cómo reaccionaste a ese anhelo? ¿Qué hiciste para obtener lo que querías o mientras esperabas?
    - ¿Por qué este tipo de anhelos, a menudo, hace aflorar lo peor de nosotros?

6. ¿Qué puedes aprender de Raquel y Lea en cuanto a vivir anhelante?

    - ¿Qué te cuentan sus historias sobre a dónde está Dios en nuestro anhelo y nuestra espera?
    - ¿Cómo puede eso darte esperanza para lo que anhelas?

7. ¿Cómo crees que era la casa de Jacob, Raquel y Lea?

    - ¿Qué tensiones o rivalidades experimentaste en tu familia mientras crecías?
    - ¿Qué tensiones o rivalidades existen todavía?
    - ¿Cómo han afectado esas dinámicas a tu familia y a ti?

8. ¿Cómo usó Dios a Jacob, Lea y Raquel a pesar de su disfunción? ¿Qué te dice eso acerca de Dios y de lo que es capaz de hacer?

9. Max afirma: «Las familias disfuncionales pueden usarse, incluso arreglarse» (p. 81). ¿Crees esto en referencia a la tuya? ¿Por qué?

- Max también dice: «Dios da vida a través del quebrantamiento» (p. 80). ¿Cuándo has experimentado esto?

- Si has vivido el quebrantamiento en tu familia o en alguna que conozcas, ¿cómo podría Dios dar vida a través de esa lucha? Dedica tiempo a imaginarte cómo podrían sanar, cómo podrían cambiar las personas y cómo podrías cambiar tú. Aunque parezca exagerado, recuerda a Jacob, Raquel y Lea. ¿Cómo podría la historia de ellos darte esperanza con la tuya?

LOS HIJOS DE JACOB

Nombre de la madre	Nombre del hijo	Significado del nombre
Lea		
Bilha		
Zilpa		
Raquel		

CAPÍTULO 7

LA VIDA CON UNA SABANDIJA

1. ¿Quién es tu Labán? ¿Tu jefe? ¿Un compañero de trabajo? ¿Un miembro de la familia o uno de los familiares políticos? Labán es alguien de quien no puedes «escapar». Él o ella es parte de tu vida, al menos por el momento.

    • ¿Qué cualidades similares a las de Labán tiene esa persona?

    • ¿Cómo te sientes en su presencia?

    • ¿Qué tipo de pensamientos tienes acerca de esa persona?

2. ¿Cómo trató Labán a Jacob? (Génesis 29:22-27; 30:31-36 y 31:41-42).

    • ¿Cómo crees que se sentía Jacob con Labán?

    • ¿Por qué piensas que Labán trató a Jacob de esa manera?

    • Jacob trabajó para Labán durante catorce años. ¿Cuánto tiempo has tenido tu Labán?

    • ¿Cómo crees que fue para Jacob tener que vivir y trabajar para Labán por tantos años?

3. Lee Génesis 31:10-13.

    • ¿Qué le aseguró Dios a Jacob en su sueño?

    • ¿Por qué crees que Dios esperó hasta ese momento para decirle a Jacob que se fuera?

4. En el sueño, Dios instruyó a Jacob para que regresara a su tierra natal. En respuesta, Max dice que Jacob tenía dos opciones: «Confiar en Dios o ponerse ansioso» (p. 88). ¿Qué decidió hacer Jacob? (Ver Génesis 31:3).

    • ¿Cómo refleja eso un cambio en el corazón y el carácter de Jacob?

    • ¿Por qué crees que Jacob estaba dispuesto a regresar a su tierra natal, de la que había huido por temor a su hermano Esaú?

5. Según Génesis 30:27-28, ¿por qué Labán quería que Jacob se quedara?

    • ¿Qué impacto tuvo Jacob en Labán?

- ¿Qué impacto crees que has hecho en tu Labán? ¿Cómo ha bendecido Dios a esa persona a través de ti?
- ¿Cómo se siente saber que Dios bendice incluso a los labanes del mundo? ¿Por qué te sientes así?

6. Lee Génesis 30:31-43.
   - ¿Cómo volvió a engañar Labán a Jacob?
   - ¿Cómo respondió Jacob?
   - ¿Cuál fue el resultado de la respuesta de Jacob?
   - ¿Cómo confió Jacob en Dios a pesar de que Labán lo engañó nuevamente?
   - ¿Alguna vez has sido engañado o lastimado por alguien (tal vez por tu Labán) y luego le has dado a esa persona una segunda oportunidad, solo para ser engañado o lastimado nuevamente? Explica lo que sucedió.
   - ¿Cómo afectó esto tu relación con esa persona?

7. Lee Hebreos 12:8-10:

   Este problema en el que te encuentras no es un castigo; es un *entrenamiento*, la experiencia normal de los hijos. Solo los padres irresponsables dejan que los niños se las arreglen solos. ¿Prefieres un Dios irresponsable? Respetamos a nuestros padres por capacitarnos y no consentirnos, así que, ¿por qué no acoger el entrenamiento de Dios para que podamos *vivir* verdaderamente? Cuando éramos niños, nuestros padres hicieron

lo que les *pareció* mejor. Pero Dios está haciendo
lo que *es* mejor para nosotros, capacitándonos
para que vivamos de acuerdo con su santidad
(Traducción libre de la Biblia en inglés The
Message)

- ¿Cómo te está capacitando Labán para hacer la
  obra de Dios y reflejar mejor su amor?
- En el capítulo 5 hablamos sobre cómo el engaño
  de Labán a Jacob imitó el que este le hizo
  a Isaac y a Esaú. A veces, nuestros Labanes
  son eso porque vemos una parte de nosotros
  mismos en ellos, algo que no nos gusta. ¿Es
  este el caso de tu Labán? ¿Tiene él o ella una
  característica que te gustaría no tener? Si es así,
  ¿qué harás?

8. Lee Génesis 31:38-42.
   - ¿A quién le da crédito Jacob por su éxito mientras
     trabajaba para Labán?
   - ¿Cómo podría eso indicar otro cambio en Jacob?

9. Max da dos consejos sobre cómo tratar con nuestros
   Labanes. Completa los espacios en blanco: «_____
   con Dios acerca de tu Labán.... _____ a Dios por tu
   Labán» (p. 95).
   - ¿Alguna vez has hablado con Dios acerca de tu
     Labán? ¿Por qué?
   - ¿Alguna vez le has dado gracias a Dios por tu
     Labán? ¿Por qué?

• Conversa con Dios acerca de tu Labán. Agradece a Dios por tu Labán, aunque lo sientas extraño, aunque no lo digas en serio al principio. Prueba con la gratitud por esa relación y observa cómo cambia no solo la relación sino tú también.

CAPÍTULO 8

CARA A CARA CONTIGO MISMO

1. ¿Cómo te sientes en cuanto a Jacob en este punto de la historia? ¿Te gusta o te disgusta? ¿Tienes esperanza en él o te apiadas de él? ¿Por qué?

2. ¿Cómo crees que se sintió Jacob al regresar a su tierra natal y ver a Esaú otra vez?
   - ¿Qué seguridad le dio Dios a Jacob para este viaje? (Génesis 31:3).

- ¿Cuándo has conocido la seguridad de Dios frente a una conversación o confrontación difícil?
- ¿A qué acudiste para obtener esa seguridad? ¿A la oración? ¿A unas escrituras en particular? ¿Al recordar la fidelidad de Dios en otras situaciones?

3. ¿Cómo respondió Jacob a la seguridad de Dios?
   - ¿Qué te dice esto en cuanto a cómo se sintió Jacob al ver a Esaú de nuevo?
   - ¿Crees que Jacob se arrepintió genuinamente de lo que le había hecho a Esaú o que solo temía a la ira de Esaú? Explica tu respuesta.

4. Lee la oración de Jacob en Génesis 32:9-12.
   - ¿Cómo alaba Jacob a Dios?
   - ¿Qué pide?
   - ¿Qué te dice eso acerca de cómo había cambiado Jacob?
   - ¿Qué te dice eso acerca de cómo se sentía Jacob al ver a Esaú?

5. Lee Génesis 32:22-30.
   - ¿Qué pensamientos o sentimientos surgen cuando lees acerca de la lucha de Jacob con el extraño, o Dios, en Jaboc?
   - ¿Qué punto probó Dios cuando tocó la cadera de Jacob?
   - ¿Por qué crees que Dios esperó hasta el final de la lucha libre para hacer eso?

6. Piensa en una ocasión en la que te encontraste cara a cara contigo mismo.
    - ¿Qué sucesos llevaron a ese momento?
    - ¿Cómo tuviste que luchar con Dios para llegar a ese punto?
    - ¿Hay algo que debas enfrentar en ti mismo hoy que has estado evitando? ¿Qué es?
    - ¿Qué necesitas creer acerca de Dios para tener ese valor?

7. ¿Qué le pidió Jacob a Dios en el versículo 26?
    - ¿Qué piensas de su pedido y de la respuesta de Dios?
    - Lee Juan 14:13-14. Considera la petición de Jacob a la luz de estos versículos y lo que significa para ti.

8. ¿Qué le pidió Dios a Jacob en el versículo 27?
    - Si ese extraño fuera en verdad Dios, habría conocido el nombre de Jacob. ¿Por qué lo preguntó?
    - ¿Qué significa el nombre Israel?
    - ¿En qué se diferencia el nuevo Jacob (ahora llamado Israel) del antiguo?

9. Una vez más, nuestro antihéroe experimentó la gracia de Dios de manera inesperada y en un lugar imprevisto. ¿Qué te dice eso acerca de cómo se siente Dios en cuanto a tus demonios, los que has enfrentado y los que todavía tienes que enfrentar?

CAPÍTULO 9

TIEMPO PASADO

1. Llena el espacio en blanco: «Para avanzar hacia su futuro, Jacob tuvo que enfrentarse cara a cara con su _____» (p. 115).
    - ¿Qué sucedió cuando Jacob enfrentó su pasado?
    - ¿Cambió ese encuentro el futuro? ¿Cómo?

2. Lee Génesis 33:1-3.
    - ¿Qué te dice eso acerca de cómo se sintió Jacob con respecto a su pasado con Esaú?

- ¿Qué puedes suponer en cuanto a la forma en que Jacob presentó a su familia y sus sirvientes?

3. Lee Génesis 33:4-11.
   - ¿Cómo reaccionó Esaú al ver a Jacob?
   - ¿Cómo respondió a los regalos de Jacob?
   - ¿Por qué crees que Esaú pudo abrazar a su hermano?

4. Max enumera varios personajes de la Biblia que tenían manchas en su pasado, incluido Moisés, que asesinó a un egipcio; Abraham, que mintió acerca de Sara; Elías, que fue un cobarde; Ester, que no proclamó su fe; Pedro, que fue un traidor; y Pablo, que perseguía a los cristianos. De estos, ¿cuál historia se identifica más contigo y por qué?
   - ¿Cómo usó Dios a esa persona en la Biblia?
   - Si esa persona hubiera permitido que los errores del pasado la contuvieran, ¿qué no habría pasado? ¿Quién no se habría salvado? ¿Qué mensaje faltaría en la Biblia?

5. ¿Hay algo en tu pasado que consideres una «mancha»?
   - Explica qué suceso pasado o error te parece una mancha.
   - ¿Cómo puedes aplicar la historia de Jacob para borrar lo que parece una mancha en tu pasado?

6. ¿Cómo cumplió Dios su promesa a Jacob al reunirse con Esaú? (Ver Génesis 28:15).

- ¿Qué te sorprende de ese encuentro?
- ¿Qué dice el cumplimiento de las promesas de Dios acerca de la gracia?
- Si crees que Dios está contigo igual que con Jacob, ¿qué podría cambiar en la forma en que recuerdas tu pasado?

7. Romanos 8:1-2 (NVI) dice: «Por lo tanto, ya no hay ninguna condenación para los que están en Cristo Jesús, pues por medio de él la ley del Espíritu de vida me ha liberado de la ley del pecado y de la muerte».
   - ¿Estás acarreando una carga por algo de tu pasado?
   - ¿Crees que este pasaje se aplica a ti?

8. Lee 1 Juan 1:9: «Si confesamos nuestros pecados, Él es fiel y justo para perdonarnos los pecados y para limpiarnos de toda maldad».
   - ¿Por qué la confesión está entrelazada con la gracia de Dios?
   - ¿Cuáles son las formas en que puedes practicar la confesión?

9. Mateo 11:28-30 nos recuerda: «Vengan a Mí, todos los que están cansados y cargados, y Yo los haré descansar. Tomen Mi yugo sobre ustedes y aprendan de Mí, que Yo soy manso y humilde de corazón, y *hallarán descanso para sus almas*. Porque Mi yugo es fácil y Mi carga ligera».

- ¡Qué versículo tan reconfortante! ¿Te has sentido «cargado»?
- ¿De qué maneras has experimentado el consuelo que se ofrece en este versículo?

CAPÍTULO 10

A LA SOMBRA
DE SIQUEM

1. Max dice: «Las Escrituras son explícitas en referencia al aspecto negativo de la naturaleza humana» (p. 126).

   • ¿Por qué crees que las Escrituras incluyen historias como la de este capítulo?

   • ¿Qué otras historias bíblicas revelan verdades sobre la naturaleza humana?

   • ¿Cómo has experimentado el aspecto negativo de la naturaleza humana?

2. Lee Génesis 31:13 y Génesis 33:12-20.
   - ¿A dónde se le ordenó ir a Jacob?
   - ¿A dónde fue en vez del lugar que se le indicó?
   - ¿Cómo era la ciudad de Siquem? (p. 127).
   - ¿Por qué Jacob se estableció allí en vez de seguir a Esaú a su tierra natal?

3. Lee Génesis 34:1-12.
   - ¿Qué hizo Jacob cuando supo que Dina había sido violada por Siquem?
   - ¿Qué hicieron los hermanos de Dina?
   - ¿Cuál fue la respuesta de Hamor?
   - ¿Qué te dice la respuesta de cada uno de esos hombres acerca de cómo se percibía la agresión y el abuso sexual en ese tiempo?

4. Lee Génesis 34:18-23.
   - ¿Por qué Hamor, Siquem y sus hombres accedieron a ser circuncidados?
   - ¿Qué te dice eso acerca de las prioridades de esos hombres?

5. ¿Qué es un «sistema venenoso»? (p. 132).
   - ¿Alguna vez te has encontrado en un sistema venenoso, como el lugar de trabajo, la comunidad, la familia o la iglesia? ¿Cómo te afectó estar en ese lugar, cómo afectó tu comportamiento y tu relación con Dios?

- ¿De qué manera el permanecer allí te alejó de tu Betel, el lugar donde sabías que Dios quería que estuvieras?

6. Lee Génesis 34:25-31.
   - ¿Cómo participaron los hijos de Jacob en el sistema venenoso de Siquem?
   - Se cometió un acto terrible contra su hermana. ¿Crees que los justificaba su respuesta? ¿Por qué?
   - ¿Cuál fue el papel de Jacob en esta parte de la historia?
   - ¿Crees que eso afectó las acciones de los hermanos?

7. Llena los espacios en blanco: «Para ser claros, en la perspectiva cristiana, la humanidad es _ __, ___, y destinada a la ___ . Somos creados a imagen de Dios. Se nos ha otorgado la comunión y se nos invita a descansar eternamente. Pero hemos desperdiciado nuestra herencia en el intento por ser ____» (p. 132).
   - ¿Cómo se puede atribuir todo nuestro pecado a ese único deseo: ser Dios?
   - ¿Cuándo has intentado ser Dios?
   - ¿Cuál fue el resultado?

8. Lee los siguientes versículos:
   Cristo sufrió por nuestros pecados una sola vez y para siempre. Él nunca pecó, en cambio, murió por los pecadores para llevarlos a salvo con Dios. (1 Pedro 3:18 NTV)

Pero Dios demuestra su amor por nosotros en esto: en que cuando todavía éramos pecadores, Cristo murió por nosotros. Y ahora que hemos sido justificados por su sangre, ¡con cuánta más razón, por medio de él, seremos salvados del castigo de Dios! Porque si, cuando éramos enemigos de Dios, fuimos reconciliados con él mediante la muerte de su Hijo, ¡con cuánta más razón, habiendo sido reconciliados, seremos salvados por su vida! (Romanos 5:8-10 NVI)

- ¿Qué hizo Jesús con el aspecto negativo de nuestra naturaleza humana?
- ¿Qué significa eso para nosotros hoy?

9. ¿De qué Siquem debes alejarte hoy? En otras palabras, ¿qué o quién te tienta, te hace tropezar o te hace pecar?
    - ¿Cómo podrías alejarte de ese lugar hoy?
    - ¿Cómo podrías invitar a Cristo a este proceso para que te dé valor y te muestre a dónde debes ir?

CAPÍTULO 11

LA GRACIA NOS LLEVARÁ A CASA

1. ¿Cuándo has regresado a la casa de tu infancia, o a otra casa, después de estar fuera por un tiempo?
    - ¿Cómo te sentiste con el viaje en automóvil, autobús o avión?
    - ¿Por qué a veces es difícil regresar a los lugares que en alguna ocasión fueron nuestro hogar?

2. En Génesis 35:1, Dios instruyó a Jacob para que regresara a Betel. Al fin se iba a casa. En una hoja de

papel aparte, enumera los sucesos principales en la vida de Jacob que condujeron a ese regreso.

- ¿Cómo afectaron o cambiaron a Jacob esos acontecimientos?
- ¿Quién era él ahora en comparación con lo que fue cuando huyó de su casa?
- Dios le había dado esa instrucción a Jacob antes, pero en vez de obedecer fue a Siquem. ¿Por qué crees que Dios le dio una segunda oportunidad a Jacob?

3. Lee Génesis 35:2-5.
   - ¿Qué les dijo Jacob que hicieran a los de su casa?
   - ¿Qué hizo Jacob con los dioses extranjeros?
   - ¿Qué podría simbolizar eso para Jacob?

4. Enterrar el pasado no siempre es algo negativo. A veces necesitamos marcar físicamente el hecho de que estamos avanzando y progresando en la vida. ¿Alguna vez has enterrado tu pasado como lo hizo Jacob en Siquem?
   - ¿Cómo marcaste ese suceso?
   - O tal vez hay algo de tu pasado que debes enterrar. Si es así, ¿qué es y qué podrías hacer para marcar físicamente la transición lejos de ese recuerdo, persona o lugar?

5. Lee Génesis 35:9-13.
   - ¿Cómo bendijo Dios a Jacob?

- Jacob era voluble. Vacilaba entre ser fiel y egoísta. En medio de las idas y vueltas de Jacob, ¿cómo permaneció Dios siendo el mismo y cómo se prueba eso en este pasaje?

6. ¿Cuándo has sido inconstante en tu manera de ser, en tus relaciones o en tu fe?
    - ¿Quién de los tuyos ha permanecido constante, aun cuando te mudaste, envejeciste o cambiaste?
    - ¿Qué significa esta persona para ti?
    - ¿Has experimentado este tipo de constancia por parte de Dios? ¿Cómo?
    - ¿Cómo se siente saber que aun cuando has vacilado en creer o te has visto atrapado en el pecado, Dios estaba tan cerca de ti como lo estuvo de Jacob, muy dispuesto a ofrecerte su gracia y su bendición?

7. Una cosa es entender el concepto de la gracia de Dios. Otra es aceptarlo para ti mismo. ¿Qué te impide aceptar la gracia de Dios para ti y por qué?
    - ¿Qué necesitarías creer acerca de Dios para aceptar esta gracia de una vez por todas?
    - ¿Qué necesitarías creer acerca de ti mismo?

CAPÍTULO 12

¿CONOCES ESTA GRACIA?

1. En una frase, ¿cómo resumirías la historia de Jacob?
   - ¿Qué te sorprendió de Jacob en este libro y en su historia tal como la registra el libro de Génesis?
   - ¿Qué te sorprendió en cuanto a Dios?

2. Max relata la historia de su nieto, el pequeño Max, con las piedras en sus bolsillos. Puso tantas que no podía ponerse de pie. ¿Cómo puedes identificarte con esta historia?

- ¿Qué piedras te están agobiando hoy? ¿Algún pecado pasado, remordimiento, ansiedad?
- ¿Cuánto tiempo has tenido esas piedras?

3. Lee 2 Corintios 4:7: «Pero tenemos este tesoro en vasos de barro, para que la extraordinaria grandeza del poder sea de Dios y no de nosotros».
   - ¿Cuál es nuestro tesoro?
   - ¿Cómo es tu vasija? ¿Cómo se ha agrietado y roto a lo largo de los años?
   - ¿Cómo era la vasija de Jacob? ¿Cómo se rompió?

4. Max describe un antiguo arte japonés llamado kintsugi. ¿Qué es y cómo ilustra la gracia de Dios? (p. 154)
   - ¿Cómo reparó Dios la vasija rota de Jacob?
   - ¿Ha reparado Dios algún quebrantamiento en ti, tomando lo que estaba roto y convirtiéndolo en algo hermoso?
   - ¿En qué quebrantamiento necesitas ayuda?

5. Llena los espacios en blanco: «No eres la suma de tus _____. Eres la suma de la _____, _____ y _____ de Jesús» (p. 154).
   - ¿Cómo podrías entregarle a Cristo las piedras que cargas?
   - ¿Cómo podría la verdad de la muerte, la sepultura y resurrección de Cristo reparar el quebrantamiento que sientes hoy?

6. Lee Génesis 35:27-29 ¿Qué te dice esto acerca de la relación de Jacob con Isaac y con Esaú?

7. Lee Hebreos 11:21: «Por la fe Jacob, al morir, bendijo a cada uno de los hijos de José, y adoró».
   • Al considerar esto con Génesis 35:27-29, ¿qué clase de final tuvo la historia de Jacob?
   • ¿Qué tipo de final *merecía* Jacob?
   • ¿Cómo te sientes con el final que obtuvo?
   • ¿Cómo te hace sentir esto en cuanto a tu futuro y tu propio final?

8. El título de este libro es *Dios nunca se da por vencido contigo*. Después de estudiar la vida de Jacob, ¿cómo puedes estar seguro de que, sea lo que sea que hayas hecho o lo que hagas, Dios nunca se dará por vencido contigo?

NOTAS

Capítulo 1: El club de los santurrones

1. Andrew E. Steinmann, *Genesis: An Introduction and Commentary*, Vol. 1, Tyndale Old Testament Commentaries (Downers Grove, IL: InterVarsity, 2019), p. 252; Gene A. Getz, *Jacob: Following God Without Looking Back* (Nashville, TN: Broadman & Holman, 1996), p. 8. «El término pasó a significar "hacer trampa, cometer fraude"».
2. Ver Isaías 40:31.
3. Ver Génesis 47:28.
4. Craig Olson, «¿Qué edad tenía el padre Abraham? Reexaminar la esperanza de vida patriarcal a la luz de la arqueología», https://www.academia.edu/33972456/How_Old_was_Father_Abraham_Re_examining_the_Patriarchal_Lifespans_in_Light_of_Archaeology, p. 13; Steinmann, *Genesis*, pp. 252, 266.
5. Ver Génesis 12:1-5.
6. Ver Génesis 18:1-15.
7. Dennis Prager, *Genesis: God, Creation, and Destruction* (Washington D.C.: Regnery Faith, 2019), p. 241.
8. R. Kent Hughes, *Genesis: Beginning and Blessing* (Wheaton, IL: Crossway, 2004), p. 333; James Strong, *The New Strong's Expanded Exhaustive Concordance of the Bible* (Nashville, TN: Thomas Nelson, 2010), H7533— *râtsats*, que significa aplastar, romper o chocar.
9. Los comienzos del pueblo judío se registran en Génesis 12:1-3. Abram (más tarde Abraham) escuchó que Dios lo instaba a dejar Mesopotamia por una tierra que al fin se conocería como Israel. Dios prometió hacer de Abram

un gran pueblo, darle tierras y bendecir a todas las naciones de la tierra por medio de él (ver Génesis 18:17-18). Esta tercera bendición se ha realizado en parte a través de los médicos, abogados, diplomáticos y científicos judíos que han mejorado nuestras vidas. Sin embargo, en el Nuevo Testamento a la bendición de Abraham se le da un nombre: Jesucristo. En un sermón sobre Jesús, Pedro declaró: «Ustedes son los hijos de los profetas y del pacto que Dios hizo con sus padres, al decir a Abraham: "Y en tu simiente serán benditas todas las familias de la tierra". Para ustedes en primer lugar, Dios, habiendo resucitado a Su Siervo, lo ha enviado para que los bendiga, a fin de apartar a cada uno *de ustedes* de sus iniquidades» (Hechos 3:25-26).

10. Ver Génesis 50:24; Éxodo 3:15; Hechos 7:32.

Capítulo 2: De príncipe a perdedor

1. Eli Lizorkin-Eyzenberg, *The Hidden Story of Jacob: What We Can See in Hebrew That We Cannot See in English*, (2020), p. 11.
2. Ver Romanos 9:12.
3. Isaac tenía unos 135 años cuando bendijo a Jacob (Génesis 27). Esto se puede determinar viendo las Escrituras. Jacob tenía 130 años cuando entró en la tierra de Egipto (Génesis 47:9). Las Escrituras indican que José, el hijo de Jacob, tenía 39 años en ese momento. Génesis 41:46 nos dice que José tenía 30 años cuando entró al servicio del faraón en Egipto. Luego hubo 7 años de abundancia y 2 años de hambruna antes de que Jacob llegara a Egipto (Génesis 45:4-11). También sabemos por las Escrituras que Jacob trabajó 14 años por dos esposas y luego tuvo a José (Génesis 29:20-28; 30:22-24). Entonces 130–44 -14=72. Luego, tomándose un par de años más para el embarazo, Jacob tenía alrededor de 70 años cuando se fue de casa después de la bendición. También sabemos que Isaac tenía 60 años cuando nació Jacob (Génesis 25:26). Esto hace que Isaac tuviera 135 (más o menos) cuando bendijo a Jacob. Adaptado de https://homework.study.com/explanation/how-old-was-isaac-when-he-blessed-jacob-in-the-bible.html.
4. «Isaac había invocado a Yahvé al pronunciar su bendición sobre Jacob (ver vv. 27-28), y no se podía anular ninguna palabra que invocara a Dios». Steinmann, *Génesis*, p. 270.
5. Steve Helling, «Lori Loughlin habla después de recibir una sentencia de prisión de dos meses: "Tomé una decisión terrible"». *People*, 21 agosto 2020, people.com/crime/lori-loughlin-speaks-after-receiving-2-months-prison-sentence-i-made-an-awful-decision.

Capítulo 3: Escaleras del cielo

1. John H. Walton, *Genesis: The NIV Application Commentary* (Grand Rapids, MI: Zondervan, 2001), p. 570.
2. Donald Gray Barnhouse, *Genesis: A Devotional Exposition* (Grand Rapids, MI: Zondervan, 1971), 2:83.
3. R. Kent Hughes, *Genesis: Beginning and Blessing* (Wheaton, IL: Crossway, 2004), p. 359.

4. «¿O piensas que no puedo rogar a Mi Padre, y Él pondría a Mi disposición ahora mismo más de doce legiones [más de 80.000] de ángeles?» (Mateo 26:53).
5. Adaptado de Jack Graham, *Angels: Who They Are, What They Do, and Why It Matters* (Minneapolis, MN: Bethany House, 2016), pp. 111-12.
6. Hughes, *Genesis*, p. 361.

Capítulo 4: Sin intercambio de favores

1. A. W. Tozer, *El conocimiento del Dios santo* (Nueva York: HarperCollins, 1961), p. 8.
2. *Diccionario expositivo completo de palabras del Antiguo y Nuevo Testamento de Vine* (Nashville: Thomas Nelson, 1985).
3. Karl Barth, *Church Dogmatics,* vol. 2, parte 2; 2.ª ed., trad. G. W. Bromiley, eds. G. W. Bromiley y T. F. Torrance (Edimburgo: T & T Clark, 1957), p. 685.
4. Paul David Tripp, *Awe: Why It Matters for Everything We Think, Say, and Do* [*Asombro: Por qué es importante para todo lo que pensamos, decimos y hacemos*]. (Wheaton, IL: Crossway, 2015), p. 73.

Capítulo 5: El tramposo engañado

1. Ver Salmos 37:15; Habacuc 2:8; Salmos 7:15-16; Proverbios 26:27; Eclesiastés 10:8; Salmos 9:15; Salmos 57:6; Proverbios 28:10; 2 Pedro 2:13; Salmos 35:8; Salmos 141:10; 1 Reyes 8:32; 2 Crónicas 6:23; Nehemías 4:4; Jeremías 50:15, 29; Salmos 140:9; Salmos 79:12; Salmos 137:8.
2. Lord Byron, «She Walks in Beauty», Poetry Foundation, https://www.poetryfoundation.org/poems/43844/she-walks-in-beauty.
3. «Un beso es un saludo habitual entre los familiares». Bruce K. Waltke with Cathi J. Fredricks, *Genesis: A Commentary* (Grand Rapids: Zondervan, 2001), p. 401.
4. Nahum M. Sarna, *JPS Torah Commentary: Genesis* (Filadelfia: The Jewish Publication Society, 1989), p. 202, citado por R. Kent Hughes, *Genesis: Beginning and Blessing* (Wheaton, IL: Crossway, 2004), p. 367.
5. John H. Walton, *Genesis: The NIV Application Commentary* (Grand Rapids: Zondervan, 2001), p. 586.
6. Waltke, *Genesis*, p. 405.
7. Walton, *Genesis*, p. 586.
8. Waltke, *Genesis*, p. 405.
9. Waltke, *Genesis*, p. 406.
10. Natasha Geiling, «Entra al jardín más peligroso del mundo (si te atreves)», *Smithsonian Magazine*, 22 septiembre 2014, https://www.smithsonianmag.com/travel/step-inside-worlds-most-dangerous-garden- si-te-atreves-180952635/.

Capítulo 6: La guerra por el control

1. «Mandrake», encyclopedia.com, https://www.encyclopedia.com/plants-and-animals/plants/plants/mandrake.

Capítulo 7: La vida con una sabandija

1. Este es un principio bíblico. Dios prosperó a Faraón y bendijo a Egipto por la presencia de José (Génesis 39-41). El rey Nabucodonosor se hizo creyente debido a la presencia de Daniel (Daniel 4:34-37).
2. Andrew E. Steinmann, *Genesis: An Introduction and Commentary*, vol. 1, Tyndale Old Testament Commentaries (Downer's Grove, IL: IVP, 2019), p. 289.

Capítulo 8: Cara a cara contigo mismo

1. John R. Coats, *Original Sinners: A New Interpretation of Genesis* (Nueva York: Free Press, 2009), p. 160.
2. Walter Brueggemann, *Genesis*, Interpretation, A Bible Commentary for Teaching and Preaching (Louisville, KY: Westminster John Knox Press, 1982), p. 270.
3. *Israel* es una combinación de dos palabras hebreas que significan «luchar» (sarah) y «Dios» (el). Aparece 2.431 veces en la Biblia, y no ha faltado discusión sobre su significado. Algunos suponen que Jacob recibió este nombre porque luchó con Dios. Sin embargo, cuando se usan «El» o «Jah», nombres de Dios, Dios siempre es el hacedor. *Daniel* significa «Dios juzga». *Gabriel* significa «Dios es mi fuerza». Los nombres de Dios describen las acciones de él. Ver *Baker Theological Dictionary of the Bible* p. 379 y Arthur W. Pink, *Gleanings in Genesis* (Chicago: Moody, 1950), p. 292. «Hay algunas dudas sobre su significado, aunque una suposición fundamentada sobre el sentido original del nombre sería: "Dios gobernará" o tal vez "Dios prevalecerá"». Robert Alter, *Genesis: Translation and Commentary* (Nueva York: W. W. Norton, 1996), p. 182.

Capítulo 9: Tiempo pasado

1. «Fred Snodgrass, 86, Dead Ball Player Muffed 1912 Fly», *New York Times*, 6 abril 1974, https://www.nytimes.com/1974/04/06/archives/fred-snodgrass-86-dead-ball -player-muffed-1912-fly.html.
2. William Barclay, *The Acts of the Apostles*, (ed. rev. Filadelfia: Westminster, 1976), p. 64.
3. Steinmann, *Genesis*, p. 318.
4. Paul Hegstrom, *Angry Men and the Women Who Love Them: Breaking the Cycle of Physical and Emotional Abuse* (Kansas: Beacon Hill, 1999) citado por John H. Walton, *Genesis: The NIV Application Commentary*, pp. 566-67.

Capítulo 10: A la sobra de Siquem

1. R. Kent Hughes, *Genesis: Beginning and Blessing* (Wheaton, IL: Crossway, 2004), p. 420.
2. John H. Walton, *Genesis: The NIV Application Commentary* (Grand Rapids: Zondervan, 2001), p. 630.
3. Bruce K. Waltke y Cathi J. Fredricks, *Genesis: A Commentary* (Grand Rapids: Zondervan, 2001), p. 459.
4. Steinmann, *Genesis*, p. 325.
5. «Violencia contra la mujer», Organización Mundial de la Salud, 9 marzo 2021, https://www.who.int/news-room/fact-sheets/detail/violence-against-women.
6. Os Guinness, *Unspeakable: Facing Up to Evil in an Age of Genocide and Terror* (San Francisco: HarperCollins, 2005), pp. 4-5.

Capítulo 11: La gracia nos llevará a casa

1. Francis Thompson, «El sabueso del cielo», *Complete Poetical Works of Francis Thompson* (Nueva York: Oxford University Press, 1969), pp. 89-94.

Capítulo 12: ¿Conoces esta gracia?

1. John C. Maxwell, *Be a People Person: Effective Leadership Through Effective Relationships* (Colorado Springs, CO: David C. Cook, 2007), pp. 53-54.
2. Kelly Richman-Abdou, «Kintsugi: el arte centenario de reparar cerámica rota con oro», *My Modern Met*, 5 marzo 2022, mymodernmet.com/kintsugi-kintsukuroi.

MAX LUCADO
BEST SELLERS

Ansiosos por nada

Enfrente a sus gigantes